PUBLIÉ PAR L'OFFICE DE PUBLICITÉ A BRUXELLES.

LA RÉCONCILIATION

DE

LA FRANCE ET DE L'ALLEMAGNE

RÉPONSE D'UN ALLEMAND

A LA LETTRE DE

Mr David STRAUSS à Mr Ernest RÉNAN,

par Max. GOSSI,

Auteur de « LE CHRISTIANISME ET ROME, » publié sous le pseudonyme **D. Laudace.**

SECONDE ÉDITION REVUE ET AUGMENTÉE.

Prix : 75 Centimes.

ANVERS,

IMPRIMERIE E. J. MEES, RUE DES APÔTRES, 14.

1871.

LA RÉCONCILIATION DE LA FRANCE & DE L'ALLEMAGNE.

LA RÉCONCILIATION

DE

LA FRANCE ET DE L'ALLEMAGNE

RÉPONSE D'UN ALLEMAND

A LA LETTRE DE

Mr DAVID STRAUSS à Mr ERNEST RENAN,

par Max. GOSSI,

Auteur de « LE CHRISTIANISME ET ROME, » publié sous le pseudonyme D. Laudace.

SECONDE ÉDITION REVUE ET AUGMENTÉE.

PRIX : 75 CENTIMES.

ANVERS,

IMPRIMERIE B.-J. MEES, RUE DES APÔTRES, 14.

1870.

LA RÉCONCILIATION

DE

LA FRANCE ET DE L'ALLEMAGNE.

PREMIÈRE LETTRE.

La guerre à laquelle nous assistons est chose horrible, abominable. Elle jette la tristesse dans le cœur de tout homme de bien, le découragement dans l'âme de tout penseur, de tout ami de l'humanité.

Ce n'est plus la guerre faite dans l'intérêt de la dignité et de l'indépendance d'un pays, ce n'est plus la guerre sainte pour une noble et grande idée, pour des principes généreux, c'est la guerre faite par le caprice d'un maître absolu, c'est la guerre faite à la liberté d'un grand et noble pays, c'est une guerre de conquête et de rancune !

Engagée avec enthousiasme et une juste indignation par l'Allemagne tout entière pour se venger de l'insulte d'un insolent parvenu, cette guerre est continuée aujourd'hui, sans profit pour l'honneur et la sécurité de l'Allemagne, par un roi ennemi de toute liberté, par un ministre orgueilleux et qui veut continuer le rôle qui a fait détester Napoléon III par l'Europe tout entière.

Cette guerre qui était faite par l'Allemagne noble et généreuse, par une nation en courroux, à l'empire de Napoléon III à été terminée à l'honneur et à la gloire de l'Allemagne par la victoire de Sédan. Depuis lors, elle est devenue la guerre du Roi de Prusse contre la République française.

Et elle est horrible cette guerre, sans pitié ni merci, une guerre d'extermination! C'est la désolation, la misère, la ruine de millions de familles, c'est la mutilation, la mort de centaines de mille hommes. Les villes sont détruites, les villages incendiés, les campagnes ravagées, la fortune et le bonheur de tout un pays ruinés pour des années. La fatigue, les maladies, les batailles, font des victimes par milliers, les mitrailleuses et les boulets fauchent les hommes par compagnies, par régiments tout entiers, les morts forment des tas si hauts qu'ils servent de remparts aux combattants, que les blessés sont étouffés par les cadavres. Les pauvres soldats sont tués, massacrés, par masses si compactes, par rangs si serrés, que les morts ne tombent plus par terre, qu'ils restent debout, l'arme meurtrière à la main, la figure contractée par la rage, l'œil éteint lançant encore le défi et la menace à un ennemi, inconnu même, car les sentiments d'affection et de générosité dans l'homme ont disparu, sont changés en des instincts sauvages: l'homme paisible et bon, est devenu bourreau.

Eh! conquérants impitoyables, ces soldats que vous faites tuer, en continuant une guerre, inutile désormais, ce sont nos enfants, nos frères, ce sont des hommes qui avaient des devoirs à remplir, des maris qui avaient une famille à nourrir, des enfants à élever et à aimer. Ces soldats que vous faites massacrer, hacher sur les champs de bataille, ce sont des savants, des industriels, des négociants, des ouvriers, c'est le travail et la fortune de la société. Ces victimes de l'erreur et de l'oppression, c'est notre jeunesse et notre âge mûr, car on les prend de tout âge pour en avoir beaucoup, c'est le présent et l'avenir de la France et de l'Allemagne.

La guerre continuée désormais sans utilité, par caprice, et par ambition, est horrible, sacrilége, c'est un défi à la civilisation, c'est un déshonneur pour le XIXme siècle!

Voilà ce que M. Strauss n'a pas vu, ne veut pas comprendre, dans sa savante lettre du 29 septembre à M. Rénan, et nous avons le droit de déplorer qu'un homme aussi éminent, un savant aussi distingué, que l'Europe honore pour ses lumières et plus encore pour son noble courage. n'ait pas eu un regret pour les malheureuses victimes, pas une malédiction pour l'ambition et l'abus de pouvoir qui seuls ont suscité cette épouvantable guerre. Nous avons le droit de regretter qu'un homme dont le jugement a tant de poids et d'influence, se laisse guider par un sentiment de satisfaction nationale, qu'il parle en vainqueur qui dicte sa loi, et non en penseur qui désire la paix, la justice et le droit pour tout le monde.

M. Strauss cherche une patrie, il ne voit pas l'humanité ; il est allemand, mais il ne sait pas s'élever jusqu'à être citoyen de la grande famille sociale. M. Strauss, ce savant historien, cet esprit éminent, oublie que l'histoire nous enseigne que ce n'est pas la violence et la conquête qui peuvent fonder la liberté et le droit, qu'ils doivent avoir pour base la concorde et la fraternité de tous les peuples.

Hélas, des catastrophes épouvantables apprendront peut-être à M. Strauss, qu'en politique, le cœur est souvent meilleur guide que tous les raisonnements de la vanité et de la haine.

Allemand moi-même, je comprends, j'estime cette satisfaction de M. Strauss de voir une Allemagne forte et respectable, une Allemagne unie et prête à tous les sacrifices pour prendre la place qui lui appartient dans le conseil européen. Comme M. Strauss, j'aie souffert de voir l'Allemagne faible, morcelée, sans action, méprisée par ses ennemis à l'extérieur et, qui pis est, jouet de ses ennemis à l'intérieur. Comme M. Strauss, j'ai pleuré sur la dégradation de cette Allemagne déchue et telle que l'avaient faite les diplomates du congrès de Vienne.

Quand ce soldat de génie, cet insatiable parvenu, Napoléon I^r, qui avait assassiné la République française au 18 Brumaire, qui avait personnifié le génie et la grandeur de la France de 1789 dans son immense orgueil, était chassé d'Allemagne par les efforts héroïques des peuples en colère, quand ce conquérant sans cœur, fut jété par terre à Waterloo, les rois, nos maîtres, firent une nouvelle Europe asservie. Les peuples avaient gagné la victoire, mais les monarques s'en sont partagé les fruits au congrès de Vienne.

A ce Congrès, dirigé par l'influence ouverte de l'empereur de Russie, les peuples furent vendus comme vil bétail, ils furent adjugés, sans leurs participation, à des maîtres nouveaux ou anciens. Les intérêts des princes et des rois furent discutés, sauvegardés ; des intérêts des peuples, de leurs libertés et de leurs droits, il ne fut pas même question.

L'équilibre européen fut créé ou plûtôt consacré de nouveau, et l'Allemagne, pour ne pas faire peur à ses voisins ombrageux, fut humiliée, morcelée, distribuée à une 30^{ne} de princes de droit divin, maîtres absolus de leurs peuples esclaves. Les aspirations de liberté furent réprimées, la presse muselée, les combattants de 1813 emprisonnés. Les princes eurent le pouvoir absolu, le droit de gouverner et de faire des lois, suivant leur bon plaisir ; les peuples furent déclarés *sujets*, privés de tous leurs droits, sauf celui de s'expatrier, et encore avec l'autorisation de leurs maîtres. La Diète de Francfort, la Confédération des princes d'Allemagne, fut instituée comme un simulacre d'union, comme une suite de cette confédération du Rhin sous la présidence de Napoléon Ier, le despote étranger. De plus cet antagonisme de la Prusse et de l'Autriche fut solennellement consacré au Congrès de Vienne, et le bonheur et la paix du monde furent basés sur cet adage : Qui veut la paix, doit être armé en guerre. „

C'était la force brutale érigée en maîtresse souveraine !

Chaque état eut ses lois, sa douane, sa monnaie, partout la liberté fut proscrite, l'idée poursuivie, le commerce et l'industrie réglementés, rendus presque impossibles ; les peuples d'Allemagne perdirent tout désir d'indépendance et de dignité nationale. L'Allemagne fut la risée de l'Europe, elle fut insultée impunément, étant gouverné ouvertement par l'influence de l'empereur de Russie. La Chine, plus tard, qui voyait tous ses pavillons divers, l'appela la *grande Olla Podrida.*

C'est alors que la Prusse, forte de son organisation militaire et de la haine que le Nord de l'Allemagne éprouvait pour l'Autriche arriérée et fanatique, se donnait cette administration modèle qui s'étend à tous les rapports, à toutes les nécessités de ses sujets, organisait l'instruction, créait la réunion douanière, prenait peu à peu l'habitude de s'ériger en maître de tous les autres princes du Nord.

La révolution de 1830 réveilla pour un moment les idées de liberté et d'indépendance de l'Allemagne. Des réunions populaires eurent lieu, des réformes furent humblement demandées ;

mais bientôt tout rentra dans l'ordre, les révolutionnaires de Hambach, les étudiants, les patriotes, tous les amis de la liberté, furent emprisonnés, et les princes eurent de nouveau le droit de disposer librement, mais paternellement du bien et du corps de leurs fidèles sujets. Cependant quelques États eurent des assemblées, des diètes, des représentants patentés et brevetés par les princes, et au moins le duché de Bade eut alors la gloire d'avoir des représentants d'une mâle et généreuse indépendance.

C'est alors que la Prusse accordait la liberté de la presse pour les livres de 20 feuilles au moins, se réservant seulement le droit de saisir ces livres et d'emprisonner leurs auteurs. Pour tout le reste il n'y avait pas de changement, tout resta dans l'ancienne ornière. Les princes eurent facilement raison des idées qui se faisaient jour par ci par là, la police était toujours à l'œuvre et un de mes amis fut condamné à trois années de prison, pour avoir *profané* le nom du roi de Prusse.

Les allemands, rudoyés, opprimés à l'intérieur, ne trouvaient aucune protection à l'extérieur, malgré les ambassadeurs et consuls, que les divers états entretenaient par milliers dans toutes les cours et dans toutes les places de commerce, car ces agents ne jouissaient d'aucune influence et *leurs sujets* leur importaient peu. Rarement ces agents brillaient par leur politesse, encore plus rarement par leur désir de se rendre utiles : ils ne faisaient que parader. Par contre ces dignes représentants des innombrables cours d'Allemagne, dédaignés et ridiculisés souvent par l'étranger, n'avaient que de la morgue et de l'insolence pour ceux de leurs concitoyens qui avaient encore la naïveté de réclamer leur appui et nous autres Allemands à l'étranger, nous en étions réduits à rougir de la dégradation de notre chère patrie et de l'impuissance de ceux qui la représentaient si mal.

Les liens de l'Allemagne devenaient tellement relâchés que j'ai moi-même, à Kœnigsberg, à l'occasion du millième anniversaire de l'empire d'Allemagne, entendu applaudir les paroles sarcastiques de M. Jacoby :

Ihr feiert mit Posaunenton,
Die Einheit deutscher Nation !
Erlaubt mir doch den Einwand :
Ist dann Charpie noch Leinwand ?

Ce qui veut dire pour ceux qui ne comprennent pas l'allemand

> Vous fêtez au bruit des trompettes,
> L'unité de la Nation allemande !
> Mais permettez-moi donc l'objection :
> De la charpie est-ce encore de la toile ?

Tout à coup un grand bruit se fit à l'Occident. Un peuple en délire acclamait avec enthousiasme la République française. Le 24 Février avait retenti dans le monde.

Alors l'Allemagne commença à se réveiller de son sommeil léthargique qui avait duré des siècles. Des réformes, des libertés des garanties furent demandés, d'abord avec calme, mais bientôt exigées violemment par la révolution du 18 Mars 1848 à Berlin et du 25 Mars à Vienne. Dans cette révolution de Berlin, le peuple combattait, comme son plus implacable ennemi, le prince de Prusse d'alors, le roi Guillaume d'aujourd'hui, et ce prince, traîné dans le ruisseau d'abord, fut chassé de Berlin, déguisé en charretier. J'ai vu moi-même sur son hôtel, l'inscription : „ Propriété nationale à vendre. „

L'ancien édifice germanique fut disloqué, craqua partout, et le Parlement de Francfort déclara l'unité et la liberté de l'Allemagne. Mais ce fut aussi tout, et bientôt tous les rêves de bonheur et de grandeur des peuples allemands furent renversés par les armes de ses anciens maîtres, redevenus souverains. Le Parlement fut renvoyé, ses membres fusillés, emprisonnés et exilés, la libertés confisquée et tout rentra dans l'ordre : le bon vieux temps était revenu pour les princes effrayés et le rêve de l'Allemagne eut un triste réveil.

Mais la liberté, une fois connue, ne meurt pas, elle continue à vivre dans le cœur, et la vie politique continuait à se faire, et l'unité de l'Allemagne fut le désir de tous. La Prusse eut son parlement; il est vrai elle eût aussi sa Chambre des Seigneurs, mais dans ce parlement, il y avait des hommes de cœur et de courage qui réclamaient des réformes, demandaient surtout la réduction du budget militaire. C'est alors que parut M. de Bismarck-Schoenhausen, et immédiatement il se mit à réclamer le pouvoir absolu. Il régnait sans budget, faisait fi des observations, raillait, insultait les représentants, faisait dissoudre le Parlement, s'appelait lui-même „ l'homme du sang et du fer. „ Il est vrai qu'il faut dire pour justifier l'arbitraire et l'insolence de M. de Bismarck, que nos représentants, renvoyés comme des valets, se dispersaient docilement et sans protestation aucune, au cri de „ vive le roi, „ car. hélas! ils ne savaient que trop bien que pas une main ne se lèverait pour venger l'outrage fait aux élus de la Nation.

M. de Bismarck est un homme d'un caractère trempé, violent, d'une intelligence supérieure, d'une habileté extrême, et à force de violence, de ruse et d'arbitraire, il parvint à se faire le maître, à déclarer la guerre au Danemarck et plus tard, et sans le concours du Parlement, la guerre à l'Autriche. Le bonheur est pour les audacieux, et la Prusse fut vainqueur à Sadowa.

Depuis, l'antagonisme entre Bismarck et Napoléon existe. Napoléon avait été joué par Bismarck, relégué au second plan, convaincu d'impuissance, et Napoléon avait sa revanche à prendre. Les deux antagonistes s'étaient reconnus de même force, ils étaient aussi rusés, aussi peu consciencieux en politique l'un que l'autre, et tous les deux avaient le désir de régner en maître absolu et unique, sur l'Europe asservie. L'explosion était inévitable, il ne fallait qu'un prétexte. C'est alors que M. de Bismark inventait cette malencontreuse candidature du prince du Hohenzollern, et, poussé à bout par les réclamations violentes d'une soldatesque sans principe, par les criailleries intéressées d'une chambre servile, Napoléon, discrédité en France, exécré par l'Europe entière, tombait dans le piége, déclarait la guerre. et l'insolence de cet exécrable parvenu mit les armes aux mains de toute l'Allemagne contre l'empire français.

Je pense que M. Strauss ne constatera pas la vérité de ce résumé historique.

Anvers, 15 Octobre 1870.

DEUXIÈME LETTRE.

L'Allemagne, dans les dernières années, a été agitée par deux passions, le désir de son unité nationale et sa haine immense pour Napoléon III, le même, soit dit en passant, que le Roi de Prusse appelle maintenant encore „ Monsieur mon frère. „

L'unité est faite maintenant. Commencée à Sadowa, elle a éte depuis cimentée du sang de dix victoires! L'Allemagne est forte; unie contre l'ennemi étranger, elle pourra commander le respect qui lui est dû par ses voisins. Le corps de l'Allemagne unie est fait, la liberté doit encore lui donner l'âme, et alors, mais alors seulement, l'Allemagne sera grande et superbe!

La haine de l'Allemagne pour Napoléon III était juste, elle était belle, car ce n'était pas seulement une protestation contre cet aventurier sans conscience, contre ce parvenu sans principe, ayant nom Napoléon III, c'était une protestation contre l'envahisseur de l'Allemagne, contre le despote étranger, Napoléon Ir, l'assassin des libertés de 1789.

La famille des Bonaparte a été la malédiction de la France, le fléau de l'étranger, elle a été la honte de l'humanité. J'ai le droit de le dire maintenant, je l'ai franchemeut dit et écrit quand Napoléon III était dans toute sa puissance. Je n'ai pas l'habitude d'attaquer ce qui est tombé.

Quand Napoléon Ir eut assasiné la République française au 18 Brumaire, il imposa sa volonté absolue à la France asservie. Pour arriver à la toute puissance, pour érer l'idéal de l'absolutisme, il lui fallait l'uniformité, la force, l'action unique, et Napoléon se mit à établir le pouvoir fort, celui que nous avons encore de nos jours. Tout fut centralisé, discipliné, réglementé. Il n'y avait d'autre initiative, d'autre action, d'autre volònté, que celle de Napoléon et des laquais dont il fit ses ministres.

A la Révolution qui avait tout fait, il prit tout. A ces hommes de 1789 et 92, il ne laissa pas même la gloire d'attacher leur nom aux œuvres qu'ils avaient, la plupart, payées de leur sang. Il leur prit les Municipalités élues par tous, et les remplaça par ses maires nommés par lui; il leur prit les cantons et en fit les départements avec les préfets et les sous-préfets, ses créatures; il leur prit l'admirable code de procédure, et émondé et élagué par lui, en fit le code Napoléon; il leur prit leur organisation de l'instruction et après l'avoir appropriée à ses besoins, en donna la direction aux jésuites; il leur prit le décret qui abolissait les couvents et de ces couvents il fit des casernes; il leur prit leur assemblée souveraine et lui substitua les valets de son sénat; il leur prit la souveraineté du peuple, et la remplaça par sa volonté unique; il leur prit le suffrage de tous et ordonna le plébiscite; il leur prit la liberté, et imposa à la France asservie son immence absolutisme!

La presse libre l'aurait gêné — il la supprima; les hommes de cœur l'auraient troublé — il les déporta; le souvenir des hommes superbes de la Révolution lui aurait porté ombrage — il les calomnia. Il lui fallait un frein à la pensée indépendante et libre — il rappela les prêtres, fit un concordat avec Rome; il lui fallait une cour — il rappela les aristocrates, car ses généraux parvenus trahissaient trop la caserne, et sentaient l'écurie; il lui fallait soutenir son prestige — il fit de la guerre son passe — temps; il lui fallait la gloire — il asservit l'Europe.

Le règne de cet homme, le premier empire, devait fatalement être funeste à la France : il l'a déshonorée, il l'a fait craindre et détester par l'Europe entière. Pour l'Allemagne, cet empire a été la honte, l'humiliation, et une oppression épouvantable.

L'Allemagne ne l'oublie pas, elle se rappelle toujours les excès de cette insolente soldatesque, l'arrogance humiliante, le despotisme immense du maître étranger. Elle n'a pas oublié ses déprédations, ses rapines, ses violences; elle n'a pas oublié la

honte d'avoir été gouvernée par des Murat, des Jérôme, d'avoir
eu pour arbitre suprême le président de la Confédération du Rhin.
Elle se rappelle encore la dépravation de ses princes palefreniers,
la cour de Cassel, le *parc aux cerfs* de Wilhelmshöhe, les scandales
de Munster. Elle se rappelle toujours cet opprobre d'avoir été
entraînée à la remorque de cet infâme oppresseur dans ses
guerres d'Italie, d'Espagne, de Russie; mais ce dont elle ne se
souvient peut-être pas assez, c'est de l'infamie de ses propres
princes, qui se faisaient les valets de cet étranger et qui, par
cupidité et ambition, lui sacrifiaient l'honneur et la dignité de
leurs peuples.

De ces turpitudes, de cette honte, de cette dégradation par
l'empire français, l'Allemagne se rappelle si bien que la menace
seule de Napoléon III a suffi pour soulever contre lui, dans un
élan superbe, l'Allemagne tout entière. C'est ce souvenir peut-
être, qui a vaincu la France aujourd'hui.

Plus tard, après sa mort, ces idées s'étaient modifiées un
peu. Napoléon I^r avait été chanté par nos poètes, illustré par
nos peintres, son exil à Ste-Hélène, les sévérités d'Hudson Lowe,
sa triste mort avaient excité la pitié, l'histoire était devenue de
la légende et le nom de Napoléon I^r n'exprima plus le mépris,
la haine, la crainte. Il est vrai que les turpitudes et les abus de
nos propres maîtres, avaient beaucoup contribué à nous faire
oublier la tyrannie du maître étranger.

Tout cela changea de nouveau quand Louis Bonaparte, l'aventurier de bas étage, se fit le successeur de son oncle, se fit
reconnaître par les cours effrayées comme Napoléon III. A l'exemple
de son oncle, lui aussi, violant ses serments, avait assassiné la
République française,

Son nom, ses promesses, l'avaient fait élire à l'assemblée
nationale; son astuce, sa dissimulation, le firent nommer Président de la République.

Cette République de 1848, qui était venue réveiller tous les
peuples opprimés, qui avait traversé l'Europe au nom de la
liberté, du progrès et du bonheur social, a fait des fautes, commis des erreurs, mais elle s'en fera absoudre dans l'histoire,
par ses grandes et généreuses aspirations. Cette République de

1848 avait été un coup de foudre qui éclairait pour un instant mais ne laissait après elle que de nouvelles ténèbres.

La République de 1848 était venue trop tôt, sans préparation, n'ayant aucune idée, aucun système pratique à mettre en avant; elle devait donc nécessairement apporter l'erreur et la confusion. Elle s'attaquait aux priviléges, aux abus, aux fautes du passé; elle devait donc rencontrer la résistance des intérêts effrayés, des habitudes et de l'égoïsme. Elle mettait en avant des idées de réforme, elle discutait des théories nouvelles, elle rêvait le bonheur social de l'Europe, elle avait mis dans le creuset de la discussion la transformation complète de cette ancienne société.

Elle ne pouvait donc pas échapper aux attaques de la haine et de l'erreur; elle devait succomber à la calomnie, à la peur qu'elle inspirait.

Louis Napoléon voyait tout cela; il sut habilement l'exploiter, en tirer profit pour ses coupables desseins, en augmentant les haines, en créant des divisions, en jetant des inquiétudes, en attirant à lui la peur et en s'associant le crime et la cupidité. En homme habile, rusé et sans scrupule, il attendit sa proie : il la saisit, l'étrangla le deux décembre 1851. Le sphynx à figure sinistre, s'était révélé par l'assassinat de la République française!

Ce crime immense et infâme fut décoré du nom de coup-d'état, absous, reconnu par je ne sais combien de millions de votes. Louis Napoléon fut déclaré le sauveur de la France et de la société. L'Europe reconnaissait le fait accompli : le parjure devint Napoléon III.

L'attentat commis, la France asservie et baillonnée, il fallait organiser le nouveau règne. Les représentants du peuple, les hommes d'action et de cœur furent exilés, emprisonnés, déportés: la presse libre fut brisée, condamnée, la tribune renversée, la liberté proscrite, la loi suspendue. La France fut livrée à des hommes sans nom, sans réputation, sortant des égouts de Paris ou d'ailleurs; les réglements et les lois surannés et liberticides du premier Empire furent déterrés. Un „ plébiscite „ reconnaissait le fait accompli et la légitimité de l'usurpateur; un sénat peuplé de laquais gallonnés et titrés, un corps législatif servile, sans initiative et sans dignité, sorti d'un suffrage universel faussé, égaré par la peur et la crainte de l'imprévu, remplaçaient les anciennes assemblées souveraines ; les ministres devenaient des commis qui pouvaient être renvoyés par le maître comme des valets ; la presse baillonnée et morte, fut livrée à des hommes sans principes et sans considération. Granier (de Cassagnac) était le type de ces valets vils et insolents. Il a été appelé, à juste titre, „ le roi de ces drôles. „ Emile de Girardin pourrait bien en être l'empereur. Timothée Trim remplaça Proud'hon, la littérature française se débattait dans les bas fonds de la Société.

Cette France, noble et généreuse autrefois, n'était pas seulement asservie et morte, elle se déconsidéra, rampant aux pieds de l'idole qu'elle s'était donnée ; elle reniait, regrettait son noble passé ! N'ayant plus la liberté, il lui fallait la gloire militaire, la France devint Chauvine, injuste, conquérante.

Comme du temps du Bas-Empire, il fallait à la France „ du pain et des fêtes, „ et on se jeta dans des opérations véreuses, des tripotages honteux ; la richesse publique fut mise au pillage par des agioteurs sans honneur ; des fortunes scandaleuses s'élevèrent : la conscience publique fut corrompue. Les principes firent place au désir de s'enrichir, n'importe par quels moyens : la France devint un tripot. On avait soif de jouir de cette fortune subite, précaire, et encouragée par le maître, des parvenus, des courtisans et d'autres créatures de mauvais aloi, donnaient le funeste exemple d'un luxe effréné, de mœurs impossibles : l'honnêteté devint un mot vide de sens.

Le cœur même de la France fut corrompu. Les liens de la famille se relâchèrent ; la pudeur fut proscrite ; le dévergondage fut à la mode, fit la loi ; des femmes publiques furent prises pour modèles par des princesses ; la dépravation fut dans toutes les couches de la société. Paris fut embelli, des boulevards, des routes militaires furent percés : c'était décorer à neuf le lupanar, y mettre une serrure de sûreté, mais Paris n'en était pas moins devenu un objet de dégoût pour l'Europe scandalisée. Le penseur n'y allait plus, mais la fortune et le vice venaient y chercher des émotions et des mœurs honteuses.

Cette noble et généreuse France d'autrefois, qui était l'espérance, la consolation de cette Europe vieille et lasse, était morte : l'empire était devenu un objet de crainte et de haine. Autrefois l'Europe aimait la France, l'écoutait, l'appelait : elle la savait désintéressée, prête à se sacrifier à une belle cause, à une noble idée.

Les peuples opprimés saisissaient avidement ses paroles de liberté, de progrès, de concorde, lancées de la tribune française; ils rêvaient, comparaient. On dévorait les débats des assemblées françaises; le paysan même, le matin, en allant à son rude travail, emportait le journal, le lisait en méditant et, en même temps qu'il jetait la semence dans le sillon que venait de tracer sa charrue, cette autre semence, tombée du haut de la tribune française, germait dans son esprit, le consolait, lui rendait l'espoir.

La France d'autre-fois était un phare sur la route du progrès; l'empire fut un épouvantail. Méconnu, méprisé par les souverains d'Europe, qui lui refusaient la main d'une petite princesse allemande, le forçant ainsi à épouser une demoiselle quelconque, Napoléon III, rêvant vengeance, devait frapper par la crainte, se faire admettre par la force. Le bonheur étant pour lui, il se fit l'égal, le supérieur des puissants du jour, il leur dictait la loi, il les humiliait à son tour, les attachait à sa fortune.

Il s'était identifié avec eux, les avait abaissés jusqu'à lui, les avait fait défiler, l'un après l'autre, à sa cour, avait fait embrasser par la reine d'Angleterre, cette aventurière que nous avons connue à Bruxelles. Il était devenu le régulateur, l'arbitre suprême de l'Europe, il avait excité sa haine, ses craintes, sa rancune et, gâté par sa fortune constante, il voulait imposer sa volonté partout et à tous : c'était là son écueil. Surpris, abassourdi par la bataille de Sadowa, Napoléon eut l'outrecuidance de vouloir arrêter le vainqueur ivre de gloire, et on passa outre; plus tard il voulut réclamer sa part, les traités de 1814, et on se moqua de lui. Depuis, l'Empire avait perdu son prestige; Napoléon était joué, éclipsé par Bismarck, aux applaudissements, au rire moqueur de l'Europe.

La statue de bronze avait un défaut, et l'on avait vu que ce n'était pas du bronze, mais du plâtre, le diamant était faux.

Napoléon avait été relégué à l'arrière-plan dans les affaires de l'Europe; il était humilié, on l'oubliait, on se passait de lui, son prestige était mort, son rôle était joué, l'homme était fini, sifflé par l'Europe.

Après la défaite morale, les défaites matérielles. Renvoyé de Rome, chassé du Mexique, raillé par les États-Unis, menacé dans ses institutions de crédit, déconsidéré par sa famille, Napoléon III voyait crouler toutes ses œuvres, se sentait enfoncer, prévoyait le réveil de la France. C'est alors qu'il publia ses décrets du 19 janvier 1867, le *Couronnement de l'édifice*, fit entrevoir des libertés, fit des promesses. Et les libertés qu'il ne donnait pourtant pas, on les prit : la presse se mit a discuter l'origine du parjure, les clubs le battirent en brèche, les élections le condamnèrent. Alors il se sentait perdu, mais il voulut jouer son dernier atout; il se fit reconnaître par un nouveau plébiscite et le 15 juillet il déclara la guerre.

C'est ce Napoléon que l'Allemagne a pris à Sédan, c'est cet empire immonde qu'il y a jeté par terre. La vengeance de l'Allemagne était complète, elle devait lui suffire.

Napoléon III avait commencé faux et traître, il a fini plat et lâche. Le drôle ne pouvait pas finir autrement : *il a sauvé la caisse*

Le premier Napoléon a eu au moins pour mausolée le rocher de Sainte-Hélène, le second a été enseveli sous ses *bagages*. Le nom funeste de „ Napoléon „ a été enfoui sous le mépris et le dégoût. Que le souvenir de ces hommes soit voué à l'exécration des siècles.

Monsieur Strauss voit bien que, pas plus que lui, je n'aime l'empire français et les deux Napoléon, mais je serais heureux de pouvoir lui faire partager un peu ma sympathie et ma reconnaissance pour la France de 1789, pour les libertés qu'elle a données à l'Europe.

TROISIÈME LETTRE.

L'Allemagne porte aux deux empires une haine profonde et juste, car l'un était l'humiliation, la rapine et l'oppression, l'autre était la menace, la crainte et l'insolence. Elle vient de jeter par terre le dernier de ces empires maudits et nous l'en bénissons, car c'est la régénération de la France, et, espérons-le, une ère nouvelle du monde qui commence.

Mais, si la haine contre l'empire et les abus qu'il devait nécessairement entraîner, était juste, l'Allemagne peut-elle haïr la France?

Allemand moi-même, j'ose hardiment dire qu'il y a malentendu, confusion. Non l'Allemagne ne peut pas haïr la France, car l'Allemagne libre n'est pas ingrate, elle se rappelle les efforts et les sacrifices de la France révolutionnaire, elle se rappelle que c'est cette France qui a commencé à renverser les erreurs et les abus du passé, à préparer la grande œuvre de la rénovation du vieux monde; l'Allemagne n'oublie pas que c'est la France qui l'a précédée sur la route de la liberté, qui lui en a frayé le chemin, qui a été son espérance, son guide, son champion, que c'est elle qui a versé son sang pour l'émancipation et le bonheur de l'humanité souffrante.

Entraînée dans une guerre épouvantable par l'insolence d'un parjure aux abois, arrachée au travail et à la famille, jetée dans le carnage et les horreurs des champs de bataille, excitée par la passion, aveuglée par la colère, éblouie par le succès, l'Allemagne peut rendre la France responsable des crimes de l'Empire, continuer la lutte, demander des garanties pour l'avenir, mais le calme et la reflexion reviendront, et alors l'Allemagne verra que c'est l'erreur qui a commencé la guerre, l'ambition qui la continue, et que la meilleure garantie qu'elle puisse avoir contre la France, c'est l'union et la fraternité des deux peuples marchant ensemble à la conquête de la liberté et du progrès social.

Au 18me siècle la féodalité était morte, mais sur ses abus et ses erreurs le *droit divin* avait établi son pouvoir absolu. Les rois, les princes, et les prêtres s'étaient partagé l'Europe, l'exploitaient par l'oppression et l'ignorance. Le droit divin avait tout absorbé, il régnait en maître absolu, dictait la loi, imposait sa volonté. Il avait trouvé le système des impôts, appauvrissait le travail, prenait tout, car il avait pour soutien la force brutale de ses armées permanentes et la faiblesse, la lâcheté de ses sujets. Des grands, il s'était fait des créatures, des peuples, il avait fait des esclaves. Le bon plaisir du roi „ de par la grâce de Dieu, „ était la seule garantie : il n'y avait pas d'autre loi.

Le temps de fer avait cessé, celui de la corruption l'avait remplacé. Le seigneur féodal s'était fait courtisan et sa dépravation fut si grande, qu'il se fit un honneur de peupler de ses filles le *parc aux cerfs* de l'immonde Louis XV. En Allemagne c'était pire : des princes vendirent, à prix d'argent, leurs *sujets* comme un vil bétail, à des rois anglais. Ce n'était plus le condottiéri du moyen-âge, commandant au moins lui-même sa troupe, c'était le marchand d'esclaves, voulant se payer une nouvelle maîtresse.

L'oppression n'était plus seulement épouvantable, elle était honteuse, dégradante. Les impôts étaient écrasants, empêchaient le commerce, rendaient presque impossible l'industrie, appauvrissaient tout le monde; l'agriculteur devait s'atteler lui-même à sa charrue, et encore mourait-il de faim. Le peuple tout entier, en France comme ailleurs, s'étiolait, dépérissait; car, comme disait un auteur du temps : il n'y avait plus d'huile dans la lampe!

C'est alors que la France commençait son œuvre de régénération de l'ancien monde. Ce que ses philosophes avaient enseigné, sa révolution lui donnait force de loi, et la liberté du monde en est sortie.

L'Allemagne le sait, car l'Allemagne dans ses livres, fait dater de la Révolution française une ère nouvelle, l'ère de la liberté.

Cette Révolution avait trouvé la France dégradée par l'oppression et le fanatisme, appauvrie par les impôts, écrasée par les abus, et elle l'a laissée grande et souveraine, elle l'a éclairée sur ses droits, l'a affranchie de toutes les entraves du passé, l'a faite l'espérance de l'Europe malheureuse et opprimée. La Révolution a trouvé la royauté absolue, et elle lui a substitué la constitution et la loi; elle a trouvé le droit divin, et elle l'a remplacé par le droit humain; elle a trouvé le peuple esclave, et elle en a fait un peuple libre; elle a trouvé le fanatisme et la dépravation d'une Église d'État, et elle a déclaré la liberté des cultes; elle a trouvé le privilége de quelques uns, et elle a déclaré l'égalité de tous; elle a trouvé le bon plaisir, le droit féodal, des lois barbares et stupides, et elle a créé la loi unique, égale pour tous; elle a trouvé l'ignorance, et elle a décrété l'instruction; elle a trouvé l'impôt inique et arbitraire, et elle a organisé des contributions justes et payées par tous; elle a trouvé le commerce gêné par des barrières et des entraves, et elle a décrété l'unité de la France; elle a trouvé l'industrie obstacles par des corporations et des règlements sans nombre, et elle a déclaré la liberté de l'industrie; elle a trouvé le paysan, le pauvre *Jacques Bonhomme*, serf, attaché à la glèbe, et elle en a fait un homme libre, elle lui a vendu les biens des couvents; elle a trouvé l'arbitraire, l'injustice, l'oppression, et elle a jeté au monde étonné et heureux *la déclaration des droits de l'homme.*

Lors des grands débats de cette sublime Révolution de 1789, qui avait pour but la transformation du monde, on vit, à jours fixes, trois fois par semaine, un pauvre vieillard sortir des portes de Kœnigsberg et prendre la route d'un village voisin. Il marchait courbé, triste; sa mise était pauvre, ses habits rapés, mais son front était large et portait l'empreinte du génie. Le pauvre vieillard s'acheminait lentement vers le relais où s'arrêtait le courrier, car son impatience était grande d'avoir le *Moniteur*, qui lui apportait les nouvelles de France. Et quand il lisait les paroles mâles et libres de Bailly, de Mirabeau, quand il voyait s'ébranler, tomber tous les abus du passé, alors ce vieillard se redressait, l'œil fier, le front rayonnant. Alors il reprenait allègrement le chemin de Kœnigsberg, fier et heureux, car le pauvre vieillard espérait que sa chère Allemagne, elle aussi, serait entraînée dans cette voie de liberté ; qu'elle aussi remplacerait la force par le droit, qu'elle aussi chercherait son bonheur dans le travail libre, qu'elle aussi renoncerait à ce respect du pouvoir absolu, qu'elle lui préférerait le règne de la justice et de l'intelligence et qu'alors elle se souviendrait aussi de lui, génie méconnu, philosophe vilipendé, de lui, le pauvre professeur obligé de s'exiler sous le climat, meurtrier pour lui, du Nord, pour trouver un morceau de pain, de lui, le triste et méconnu Emmanuel Kant !

Et alors, ce sublime vieillard eut une inspiration et il vit se réaliser tous les désirs de sa noble vie, et il vit l'Allemagne grande et forte par la liberté et la raison, il vit la justice prendre la place de l'arbitraire, le droit pour tous devenir la loi générale, il vit la paix et la concorde des peuples se fonder sur le travail et le bonheur de tous, la raison déclarée la souveraine maîtresse, et il vit le pouvoir absolu remplacé par le *droit humain*.

Et alors le pauvre Emmanuel Kant fut heureux, car il avait contribué aussi à cette transformation de l'ancien monde et quand alors ses yeux se fermèrent, sa dernière pensée fut un vœu pour la réussite de la grande Révolution française.

Et nous, Allemands du XIXe siècle, nous qui avons profité des bienfaits de cette Révolution, nous qui lui devons le réveil et l'émancipation, nous ne donnerions pas nos vœux à la France libre et régénérée d'aujourd'hui, cette mère, à nous aussi, car, pour nous aussi la France révolutionnaire a enfanté la liberté dans la douleur de ses entrailles.

Nous aussi qui n'avons pas encore pu nous affranchir des abus du passé, de l'oppression de nos maîtres, nous plaindrons la France d'avoir subi la honte de cet empereur de cirque, et nous nous ferons de la France libre une amie et une alliée pour chercher ensemble le bonheur et la grandeur de tous les deux.

Ce que le noble et sublime vieillard avait vu, les rois, nos maîtres, le virent aussi, et ils se coalisèrent pour remettre sous l'ancien joug la France révolutionnaire. Et alors commença cette guerre à outrance, et alors la France fut poussée aux mesures extrêmes, car elle avait à se défendre contre l'Europe à l'extérieur, contre le fanatisme, la trahison et la fourberie à l'intérieur. Et pour vaincre contre le retour de l'absolutisme, du privilége et de l'abus, la France avait besoin „ de l'audace, de l'audace, et encore de l'audace „ de Danton, et elle a vaincu par la grandeur de ses sacrifices, par ses crimes et ses vertus, car tout était grand dans cette épouvantable lutte. Elle a vaincu en s'appropriant le mot de Bazire, car si elle n'avait pas fait un pacte avec la victoire, elle avait fait un pacte avec la mort et elle devait vaincre, car elle défendait la liberté, non pas de la France, mais de l'humanité.

Et aujourd'hui nous avons cette liberté que la France a payée de son sang et nous accusons la France de la terreur de cette atroce et implacable lutte! Nous calomnions ces hommes qui nous ont conquis la liberté au prix de leur vie, qui étaient terribles, soit, mais grands, car comme le disait Danton, que leur importait leur mémoire, qu'elle fût maudite, pourvu que la France fût sauvée. Quand dans cette immense fusion de tout un monde, nous avons recueilli l'or pur, nous reprocherions à ces hommes les scories qu'ils ont laissées au fond de la fournaise! Nous couvririons d'opprobre le nom de ces hommes, terribles mais grands, qui, en prenant pour eux la partie sanglante et funeste de l'œuvre, ont sauvé la liberté du monde? Nous maudirons ces hommes qui, en mourant sur l'échafaud, nimportaient que la douleur et le regret que leur mort arrêtait l'affranchissement de l'humanité opprimée?

Non, tristes victimes de votre dévouement et de la passion révolutionnaire, nous, à qui vous avez légué la lutte, nous commençons à comprendre qu'elle avait de terribles nécessités et nous n'avons pas le courage de vous condamner. Non, nous pouvons déplorer ses horreurs, mais nous ne pouvons pas les maudire, car nous avons accepté ses bienfaits et les hommes de 93 les ont payés de leur sang.

Et quand, lasse de cette lutte titanesque, épuisée par ces efforts surhumains, la République faiblit, alors Bonaparte la prit, l'écrasa sous sa botte de soldat, et le misérable a fait mépriser la France, il l'a fait détester, haïr par l'Europe entière.

Que cet homme soit maudit à jamais!

La République n'avait pas commencé la guerre, elle l'avait subie, et ses armées citoyennes la faisaient contre les rois despotes au nom des principes et des idées. Leur drapeau était le drapeau de l'humanité, qui portait dans ses plis la devise anticipée mais sublime de „ Liberté, Fraternité et Égalité. „ La guerre de la République. juste d'abord, exagérée plus tard par la colère et la vengeance, était une guerre de principes et de défenee, les guerres de Napoléon étaient des guerres d'ambition et de conquête. La France libératrice s'était faite conquérante, l'idée s'était faite soldat, parce qu'il avait plu à un soldat sans conscience de faire le 18 Brumaire. d'assassiner la liberté et de personnifier la France dans son immense orgueil. Que *cette* France fût devenue un objet de mépris et de haine pour tous les peuples qu'elle opprimait et auxquels elle imposait l'insolence de sa soldatesque et l'ambition de son maître parvenu, c'était juste; que la colère et l'indignation éclatât de Moscou à Cadix contre cette France et contre cet homme, la liberté et le progrès devaient s'en réjouir.

C'est de cette France de Napoléon que les peuples ont triomphé à Leipzig, à Waterloo. mais c'est la France libre, noble et généreuse de 1789, que les rois coalisés ont combattue et vaincue

C'est le râle de la liberté étouffée et morte sous cette étreinte de fer que nous avons entendu à Waterloo, le 18 juin 1815!

Les rois se partagèrent l'Europe au Congrès de Vienne, les peuples furent esclaves comme auparavant. Le droit divin fut remis sur le trône de France, mais quinze ans après, le dernier Bourbon, ramené dans les fourgons de Waterloo. reprit le chemin de l'exil. De nouveau l'Europe opprimée mit son espérance dans la liberté de la France et quelques semaines après la Révolution du 24 février 1848, l'Allemagne commençait son travail d'émancipation et de régénération.

C'est cette France libre et généreuse qui a servi d'exemple à l'Europe, qui a retrouvé sa libre volonté le 4 Septembre, que M. de Bismark combat dans ce moment dans l'intérêt de son maître absolu, car M. de Bismark connaît le danger de contagion de la liberté. Mais l'Allemagne libre ne peut pas haïr cette France, ne peut pas la combattre, ce serait de l'ingratitude et la mort de sa propre liberté.

Régenérée, libre, maîtresse de sa volonté, la France ne sera plus l'ennemie, elle sera la sœur et l'alliée de l'Allemagne libre. Cette France ne sera plus entravée par un intérêt dynastique et elle se donnera des lois justes et humanitaires; elle poursuivra franchement le progrès, détruira les préjugés, donnera l'éducation répandra l'instruction, combattra la dépravation, éteindra le paupérisme. Alors l'ère des révolutions sera fermée, car la France aura basé son repos et sa stabilité, non plus sur le pouvoir d'un seul, mais sur le bonheur de tous.

Et aujourd'hui on ose dire que la France est mourante, qu'elle est près du gouffre qui doit l'engloutir! Non, Dieu merci! la France n'est pas mourante, et si elle était morte, l'humanité devrait prendre le deuil, car la France a été son guide, son champion sur la route de la liberté, elle lui a fait apercevoir un monde nouveau, elle lui a frayé le chemin du progrès. Non, la France ne se trouve pas sur le bord du gouffre, car, aveugles imprévoyants! ne voyez-vous pas que pour fermer ce gouffre, la France n'a qu'à y jeter ses fautes, ses erreurs et les abus du passé, et qu'alors elle redeviendra grande et superbe, et elle tendra la main à l'Allemagne pour marcher avec elle à la conquête de la liberté et du bonheur social de la grande famille humaine.

Je serais heureux de pouvoir prouver à M. Strauss, que les moyens que je mettrais en avant pourront mieux nous conduire à ce résultat que la conquête et la rancune.

QUATRIÈME LETTRE.

La France, pour se faire absoudre de ses fautes et de ses erreurs, à trois grandes dates : les révolutions de 1789, 1830, 1848. La première de ces révolutions a été enrayée surtout par la coalition des rois d'Europe, qui craignaient la contàgion de la liberté pour leurs peuples opprimés, ensuite elle a été volée par Napoléon I, comme la dernière le fut par Napoléon III.

Dans ces vols infâmes et sacrilèges, M. Strauss croit trouver la preuve que la France n'est pas mûre pour la liberté, n'ayant pas su la défendre et n'ayant surtout pas su se débarrasser de ces ignobles intrus.

La France pourrait trouver cette accusation un peu naïve de la part de nous autres Allemands, qui, malgré notre *Unité* nationale, supportons encore une 30me de princes de par la grâce de Dieu, dont nous n'avons pas encore *commencé* à nous débarrasser, et elle pourrait répondre à M. Strauss par la parole de cet homme sublime, dont il a écrit la vie : „ Comment peux-tu dire à ton frère : permets que je t'ôte cette paille de l'œil, toi qui as une poutre dans le tien? Hypocrite! Ote d'abord la poutre de ton œil, et alors tu penseras à ôter la paille de l'œil de ton frère. „

Mais M. Strauss ne se paie pas de mots et je me permets de lui répondre sérieusement.

La Révolution de 89 avait trouvé une France dégradée par quinze siècles d'oppression, d'ignorance et de superstition. Elle avait trouvé la tradition, les préjugés et surtout la résistance des priviléges et des abus qu'elle venait combattre. C'était un terrain singulièrement ingrat, sur lequel elle jetait la semence de la liberté, et, si une grande partie de cette semence n'a pas germé, et porté fruit, M. Strauss, qui a vecu dans l'histoire, ne peut pas s'en étonner, car il doit savoir que l'oppression, l'ignorance et tous les autres abus étaient séculaires, tandis que les lumières et la liberté venaient de naître, et qu'il ne s'agit pas de proclamer le progrès, de décréter la liberté et de faire des lois, mais qu'il s'agit encore de changer les mœurs et de transformer les caractères. Ce n'est donc pas surprenant que la peur, la rancune et l'égoïsme aient pu exploiter l'immense épuisement de la première république, pour soutenir et acclamer un soldat parjure, comme plus tard, ils surent si bien calomnier la seconde République, que Napoléon III parut un sauveur.

Les César et les Monk ne sont pas rares dans l'histoire, et, que de pareils bandits aient pu réussir, est la condamnation même du pouvoir absolu d'un seul. Une fois sur le trône, ces hommes commencent tous par se déclarer de droit divin (Napoléon III l'a bien fait), par s'appuyer sur la force brutale de l'armée, par s'associer le crime, la cupidité et la corruption, par disposer de la fortune publique, des places, des faveurs, par prodiguer ces hochets de la vanité, les croix et les titres (l'Allemagne en a par centaines), par étouffer la pensée, par emprisonner, fusiller les récalcitrants, et le tour est joué : les peuples sont devenus esclaves et les usurpateurs heureux sont reconnus par „ Messieurs leurs frères et cousins „ de toute l'Europe.

Tous les pouvoirs absolus, sans exception aucune, ont commencé de même, seulement on se rappelait bien l'origine du pouvoir de Napoléon III, tandis qu'on avait oublié celle des autres, mais, une fois sur le trône, le pouvoir est le même partout, car il a pour base, la peur et l'intérêt des uns, la faiblesse et la bêtise de tous les autres.

M. Strauss, qui connaît l'histoire, doit savoir que ces pouvoirs là ne se renversent que par un retour à la raison et que le jour où les peuples verront clair, le pouvoir absolu est frappé de mort.

Pour répondre à une autre accusation, j'accorde à M. Strauss que la France est turbulente, ingouvernable, impatientée du joug qu'on lui impose, inconstante dans ses institutions, toujours à la recherche de la liberté, car la France a fait de la liberté son idéal, elle veut l'avoir et elle l'aura, et c'est pour cette raison qu'elle a proclamé le 4 septembre la troisième République.

J'accorde encore à M. Strauss, que les révolutions apportent des perturbations et des troubles, mais les révolutions sont pareilles à la tempête : quand elles ont passé, l'air est purifié et la liberté est créée ! Sans la révolution de 1848, l'Allemagne dormirait encore aujourd'hui de son sommeil de plomb sous la haute surveillance de sa trentaine de rois et roitelets.

M. Strauss voit donc que les révolutions sont bonnes à quelque chose, et que c'est peut-être un mal que l'Allemagne n'en soit qu'à sa première. Mais M. Strauss nous promet que la liberté viendra plus tard. Attendons, en constatant toutefois, par la déclaration même de M. Strauss, que jusqu'ici nous n'avons pas encore la liberté, même que nous ne l'avons jamais eu !

La forme de gouvernement que la France vient de se donner, est l'opposé du pouvoir absolu, elle est contraire à l'intérêt d'un seul, mais elle représente le bonheur de tous. La République est l'antithèse du droit divin, elle est la raison, le droit, la justice, elle est la réparatrice des abus du passé. La République veut la liberté de tous les citoyens, elle n'exige pas la soumission et l'obéissance passive, elle demande le respect et l'observation de la loi générale discutée et décrétée par la volonté de toute la nation réunie en assemblée souveraine. Elle est la libre discussion de tous les intérêts populaires, et n'ayant aucune attache à un parti quelconque, elle a le droit et le devoir d'être juste pour tous les membres qui forment la grande famille commune. La République n'accorde pas de faveur, elle a le devoir de rechercher le talent et le mérite, pour en faire des serviteurs dévoués a la chose publique.

La république connaît la faiblesse des hommes et elle prendra des garanties contre eux, limitera leur pouvoir, et les fonctions ne seront plus le privilège, elles seront un devoir à remplir et qui augmentera avec la hauteur de la position. La république ne voudra plus des ténèbres et de la ruse de la diplomatie, elle fera ses affaires au grand jour : elle sera honnête !

La République n'est pas, comme l'irréflexion et la peur voudraient le faire accroire, la violence, la menace et le bouleversement, mais elle aura de rudes moments à passer, de terribles luttes à soutenir, car on la rendra responsable des fautes et des abus du passé. Elle aura a combattre un terrible ennemi, la misère, l'ignorance et la dépravation, elle aura à résoudre la „ question sociale „ qui menace de son explosion, non seulement la France, mais l'Europe entière.

Mais elle sortira, j'espère, sinon sans lutte, au moins victorieusement, de ces terribles épreuvse que les fautes du passé lui ont léguées, de cette position qu'elle n'a pas faite, mais qu'elle doit accepter, car elle jetera l'instruction à pleines mains, elle mettra son honneur à répandre la moralisation, elle travaillera sérieusement à faire le bien, à trouver d'heureuses réformes, à améliorer le sort de la classe nombreuse et pauvre. Elle saura résister à l'entraînement d'innovations dangereuses, mais elle ne fermera pas les yeux à l'évidence du danger, et elle travaillera à faire disparaître l'antagonisme qui, il ne faut pas se le cacher, existe entre le capital et le travail. Elle consacrera son dévoûment et ses lumières à remplacer cet antagonisme par l'accord et l'entente entre ces deux forces, également respectables, de la fortune publique.

Et elle y réussira, car la France à un fond de bon sens et de justice, et la classe de ses travailleurs est foncièrement honnête. Par cette déclaration, je rencontre l'objection de mon ami Dumoulin, qui a obligament mis son journal à ma disposition, quand d'autres s'y refusaient, d'avoir trop généralisé mes reproches quant à la dépravation de la France sous Napoléon III. Non, je n'ai pas voulu comprendre dans ce reproche tous ces braves commerçants et ouvriers, car je les connais, j'ai vécu parmi eux, j'ai travaillé avec eux et je les ai vus laborieux, économes, honnêtes; je n'ai pas voulu parler de ces femmes vaillantes, assistant leur mari, leur père, pendant le jour, et prenant la nuit pour le soin de leur ménage. Cette classe de la société est partout la même, elle mérite le respect et en France elle a protesté par ses votes contre l'immense dépravation que cet immonde empire exerçait sur la cupidité, l'ambition et le vice. Paris n'est pas ce que l'on pense érronément; c'est la ville du travail par excellence; le luxe, le plaisir, la honte n'appartiennent qu'à une petite fraction et à toutes ces créatures que Napoléon III s'était faites, en leur gaspillant la fortune de la France.

Du reste, M. Strauss m'aura compris, car il connaît l'influence malsaine des cours de l'Allemagne, et, si le peuple de Berlin, de Munich, etc., a acclamé de son rire cette Duchesse de Gérolstein, qui fait l'objet de l'indignation de M. Strauss, c'est qu'il y voyait une copie, d'après nature, des petites et même des grandes cours de sa noble patrie. Berlin n'a rien à reprocher à Paris, si-non que le vice y prenait une forme plus attrayante; c'est pourquoi l'étranger allait l'y chercher. Les Marguérite Bellanger ne sont pas si rares qu'on le pense.

Les hommes qui, dans ce moment, sont à la tête des affaires de la France, ont été la protestation vivante contre l'empire. Ils connaissent les besoins du peuple, mais aussi ses défauts et surtout cette stupide gloriole militaire, cet amour de l'uniforme, ces funestes legs du premier empire qui avait enrégimenté toute la France, le soldat et le fonctionnaire, qui leur prodiguait panaches et broderies.

Le *chauvinisme* est du reste le résultat inévitable de toute victoire, et hélas! la Prusse nous prouvera bientôt cette triste vérité. Nous en savons même déjà quelque chose depuis Sadowa, et M. Strauss n'a qu'à lire les journaux allemands pour savoir que notre chauvinisme est plus *féroce* que celui de la France. Je ne parle pas même de la modeste amabilité des officiers hobéraux prussiens: elle est proverbiale en Prusse même.

Les armées de Napoléon I⁰ʳ avaient parcouru toute l'Europe en vainqueurs, elles étaient entrées tambour battant, drapeaux déployés dans toutes les capitales, elles avaient donné à la France ses frontières naturelles, le Rhin devait leur appartenir; la France était la grande Nation : voilà les stupides propos que l'ignorance tenait dans les chaumières et dans les ateliers. Napoléon III exploitait habilement ce travers par des revues, des parades, des entrées triomphales. Depuis la triste campagne du Mexique, ce chauvinisme avait diminué, car on avait commencé à en voir le ridicule et le danger; je le croyais disparu, lorsque cette déplorable provocation de la canditature de Hohenzollern, et les machinations de la Préfecture de la police, l'ont si malheureusement ranimé.

Le remède à cette triste bravade est facile, il est même la seule garantie de paix et de stabilité de la république. Dans une occasion solennelle, j'ai entendu dire au brave et regretté colonel Charras : „ L'armée est toujours un danger pour la république; elle est incompatible avec la liberté. Le soldat n'est plus un citoyen, il est une consigne, il devient un instrument entre les mains du parjure et de l'ambitieux. La république n'a pas besoin d'armée, car elle ne veut pas de conquêtes, et pour le maintien de l'ordre et de la tranquillité à l'intérieur, une milice citoyenne suffit. La Suisse et les États-Unis nous en fournissent la preuve, en s'enrichissant et en garantissant leur liberté contre le pouvoir absolu d'un seul, contre l'usurpation d'un parjure. „

Charras avait raison, l'armée française a aidé les deux Napoléon a assassiner la République, elle n'a pas su défendre la France : qu'on l'abolisse !

Plusieurs membres du gouvernement actuel de France, assistaient à ce banquet et approuvèrent Charras, d'autres ont exprimé la même idée dans leurs écrits, et tous les hommes de liberté et de progrès demandent depuis longtemps, en France comme en Allemagne; *l'abolition des armées permanentes.*

La première armée permanente fut créée par Charles VII, et déjà à son fils Louis XI, elle a servi à établir le pouvoir absolu de la royauté en France. Depuis, toutes les royautés ont pour base et soutien ces armées et la liberté est morte. Aujourd'hui que l'Europe commence à se grouper d'après les nationalités, que l'Allemagne, l'Italie, la France sont faites, les conquêtes ne seraient plus qu'un démenti donné au principe même des nationalités, car elles leur feraient perdre l'homogénéité et les peuples ne demandent qu'à vivre en paix les uns avec les autres. Les armées ne peuvent donc que servir les intérêts de l'ambition et du despotisme, elles ne peuvent être qu'un danger constant pour la paix et la liberté.

Comment! nous ne laissons pas un canif, pas une allumette entre les mains de nos enfants, et nous laissons au pouvoir absolu ladis positions d'immenses et coûteuses armées permanentes, nous lui en donnons le commandement, nous lui accordons le droit de déclarer la paix et la guerre! C'est un non-sens et un danger, car la guerre ne disparaîtra qu'avec le dernier roi absolu et la dernière armée permanente. Que la sagesse populaire tende donc vers le même but : *l'abolition des armées.*

Par cette mesure de sagesse et de liberté, on donnerait non-seulement un emploi plus utile à la meilleure partie du budget, mais on assurerait à l'Europe une paix durable et la liberté de tous les peuples.

Voilà ce que M. de Bismark sait bien, et voilà pourquoi il met tant d'acharnement à tuer la 3ᵐᵉ République Française.

M. Strauss ne partage point mon opinion, il en a une autre et il dit : A nous autres Allemands du Sud, il reste encore à apprendre beaucoup de la Prusse. Ce n'est pas que l'élément prussien nous paraisse aimable, car cette morgue, cette prétention de mieux savoir, cette opinion de nous surpasser par la pensée, nous blessent. En ce qui concerne l'intelligence, nous ne croyons pas leur céder le pas, mais bien la surpasser en fait de senti-ment et d'imagination. Mais il est une chose que l'Allemand du Sud doit reconnaître au prussien; comme *animal politique,* il lui est supérieur!! „

J'ai dû lire trois fois cette phrase, pour être sûr que cette hérésie sociale était sortie de la plume d'un penseur, d'un historien éminent, et au nom de tous les hommes de cœur, au nom de tous mes compatriotes indignés, j'ose répondre à M. Strauss : Non, mille fois non, nous ne voulons pas être les valets d'un maître, nous voulons être des citoyens libres.

Nous ne voulons pas faire de l'Allemagne une caserne, mais une école enseignant la haine de l'oppression et l'amour de la liberté !

Depuis que cette discussion a commencé, j'ai lu les admirables lettres de M. Carl Vogt et je suis heureux de me trouver en communion d'idées avec un homme aussi illustre que généreux. Je lui offre la main et j'espère qu'il ne la refusera pas.

CINQUIÈME LETTRE.

La guerre horrible qui, dans ce moment, ravage la France et dépeuple l'Allemagne, a son origine dans la politique malsaine, démoralisante, qui domine aujourd'hui dans le gouvernement de l'Europe. Cette guerre a son origine dans la funeste faiblesse qu'ont les peuples d'abandonner la direction de leurs intérêts et le soin de leur dignité à des pouvoirs absolus. Cette guerre a son origine dans ce déplorable abus d'être gouvernés par une diplomatie ténébreuse et sans conscience, au lieu d'être guidés par la loyauté et l'honnêteté. Quand deux peuples, grands et généreux, sont gouvernés par deux hommes qui se disputent l'empire du monde asservi, le droit et la justice sont supprimés et la guerre est fatalement inévitable.

Les peuples d'Allemagne et de France vivaient dans une sécurité parfaite, ils ne pensaient qu'à leur travail, leurs échanges, leurs moissons. Ils n'avaient aucune raison de se haïr, car ils s'étaient vus de près en travaillant paisiblement l'un à côté de l'autre et ils avaient reconnu que tous les deux ils avaient des qualités diverses mais réelles, qu'ils devaient s'entre-aider, et ils s'étaient mis à s'estimer, à s'aimer. Des milliers de français avaient apporté leur industrie en Allemagne, des milliers d'Allemands se faisaient estimer en France pour leur intelligence et leur activité au travail. Tout à coup il plut à deux hommes de troubler cet état de choses : l'un invente la candidature de Hohenzollern, l'autre montre une insolence qui soulève toute l'Allemagne.

Voilà deux peuples, nobles et généreux, devenus ennemis acharnés, se tuant sur des champs de bataille, se massacrant comme des cannibales. C'est horrible !

Oui, M. Strauss, je vous l'accorde, c'est la France qui a commencé, ce sont les provocations de ces ignobles Chambres de valets et de créatures de l'empire, ce sont les cris de cette masse abusée par les machinations des mouchards dirigés par la préfecture de police, ce sont quelques braillards égarés par cette stupide et funeste gloriole militaire qui ont ému et indigné l'Allemagne paisible ; oui, M. Strauss, ce sont les menaces de ces journalistes vendus et payés, ce sont ces insultes d'une soldatesque insolente, qui ont blessé l'honneur et la dignité de l'Allemagne, qui ont mis les armes à la main à tous ses enfants. L'Allemagne a été provoquée, et elle s'est montrée grande et superbe, dans sa colère. J'en étais fier et heureux.

Mais, M. Strauss, pouvez-vous affirmer qu'il n'y a pas eu de provocation, que cette guerre n'était pas voulue et désirée, que les journalistes en Allemage (il y en a d'officiels et de payés aussi en Allemagne, il y a même des esprits bornés, de piètres caractères, et beaucoup, parmi les journalistes allemands) que les ouvriers allemands à Paris, n'aient pas souvent abusé du nom de Sadowa, comme d'une menace, qu'ils n'aient pas, permettez-moi ce mot, *asticoté* l'amour propre, la vanité française ? Pouvez-vous prétendre que dans les négociations diplomatiques depuis 1866, on ait toujours été honnête et sincère, que M. de Bismarck n'ait pas mis les atouts dans son jeu, qu'il n'ait pas un peu joué cet imbécile de Benedetti ? Pouvez-vous prétendre que M. de Bismarck ne prévoyait pas cette guerre, qu'il ne l'avait pas préparée depuis longtemps, en un mot, pouvez-vous nier qu'il était prêt, tandis que la France ne l'était pas, que depuis quatre ans il avait le plan de campagne en portefeuille et que ses alliances étaient conclues.

Et c'est pour de pareils malentendus, pour de pareilles misères et hélas ! pour de pareilles machinations que deux grandes et nobles nations se déchirent et se massacrent comme des bêtes fauves !

Tenez, M. Strauss, voulez-vous savoir ce que la France et l'Allemagne pensent de l'origine de cette guerre, de la stupidité qui l'a provoquée, de la politique déplorable qui l'a causée, eh bien! réunissez dans un grand plébiscite, juste cette fois-ci, toutes les victimes, toutes les ruines et toutes les misères de cette abominable guerre, réunissez toutes les mères qui pleurent leurs fils, toutes les femmes qui ont perdu leurs maris, tous les enfants qui n'ont plus de pères et qui meurent de misère et de faim, réunissez tous les pauvres mutilés, tous les infirmes, et, si vous n'avez pas encore assez, évoquez les mânes de tous ceux qui sont morts, qui ont été massacrés sur les champs de bataille, derrière une haie, et faites voter tout cet horrible amas de misères et de malheurs, et ils vous diront : „ oui, c'est la vanité de la France qui a provoqué cette horrible guerre, „ mais ils vous répondront aussi par une malédiction contre le pouvoir absolu, contre ces menées ténébreuses de la politique abominable de Napoléon III et de M. de Bismarck. Ils vous répondront aussi, M. Strauss, que le bonheur et la paix du monde doivent être basés sur la concorde et la liberté de tout le monde, mais ne doivent plus dépendre du caprice ou de l'intérêt de quelques ambitieux. Ils vous diront aussi, M. Strauss, que les peuples doivent former une Sainte-Alliance et ne doivent plus se combattre que sur les champs de bataille du travail, de l'intelligence et du progrès social!

Quand j'ai lu cette proclamation du roi de Prusse, disant qu'il ne faisait la guerre qu'à l'empereur et à son armée, mais non au peuple français avec lequel il voulait vivre en paix, en bon voisin, j'ai été heureux que ce fût l'Allemagne qui donnât ce premier exemple de modération et de justice. Quand j'ai vu le désastre de Sédan, la prise du troisième Napoléon, j'ai battu des mains, car j'y voyais la fin de cet immonde empire et le rétablissement de la paix, basée sur le respect d'un côté et la satisfaction de l'autre.

Hélas, je n'ai été que trop tôt détrompé, car on fusille les citoyens qui défendent le sol sacré de la patrie, et on continue la guerre! Ce n'était qu'à ceux du peuple français qui se conduisaient comme des lâches et des traîtres que le roi de Prusse accordait la paix, c'étaient ceux qui prenaient les armes pour la défense sacrée de la patrie, qu'il faisait fusiller comme des brigands.

Avouez-le, M. Strauss, si j'ai fait erreur, je suis excusable, car Pascal n'avait certes pas prévu ces „ restrictions mentales „ et je n'étais pas en droit de deviner le jésuite dans la déclaration du roi de Prusse.

Et vous, M. Strauss, vous dites que vous aimer la guerre, que vous voulez en dire beaucoup de bien et „ que les guerres entreprises pour repousser les agressions étrangères, pour défendre l'indépendance menacée, malgré toutes lés misères qu'elles entraînaient à leur suite, ont toujours eu pour conséquence un essor de la vie nationale, „ et vous blâmez la France de continuer la guerre, de se défendre contre l'agression étrangère? Car aujourd'hui, ce n'est plus l'empire qui fait la guerre, car cet empire, l'Allemagne l'a mis en poche à Sédan, et le roi de Prusse donne l'hospitalité à l'empereur dans son château de Wilhelmshöhe; aujourd'hui, c'est la France qui continue la guerre, pour sauvegarder son honneur et conserver sa dignité nationale. Et alors comment pouvez-vous blâmer ces citoyens qui prennent un fusil pour défendre le sol sacré de la patrie, qui veulent vivre ou mourir Français, qui remplissent leur devoir civique, qui agissent comme de braves et dignes enfants de leur pauvre et malheureuse patrie.

Quand j'étais jeune, on nous enseignait dans les écoles l'amour de la patrie, on nous glorifiait ces illustres héros, le duc de Brunswic, le brave Schill, qui continuaient la guerre et qui, en définitive, n'étaient que des *rebelles*, puisque rebelles il y a; on nous citait comme exemple, cet ami de la liberté, ce malheureux Staps, qui, en définitive, n'était qu'un assassin; on nous exaltait le glorieux général York, qui lui aussi, en définitive, n'était qu'un traître et que le roi de Prusse aurait fait fusiller s'il n'avait réussi; on nous lisait la proclamation qui appelait la Nation aux armes et qui ordonnait au Landsturm de mettre obstacle à l'invasion et à la marche de l'ennemi en l'attaquant constamment, et en se rendant maître de ses convois, de ses courriers, de ses recrues, en *brûlant ses hôpitaux*, en faisant des attaques nocturnes et autres exploits. On nous disait que le Landsturm n'avait ni uniforme, ni signes particuliers, car ces uniformes et ces signes servaient à le faire reconnaître par l'ennemi et l'exposeraient aux poursuites. Ensuite, M. Strauss, et vous devez le savoir, on nous racontait encore que les français étaient une nation de brigands, qu'on avait eu raison de les tuer comme tels, qu'ils étaient nos ennemis éternels, que les rois avaient fait notre bonheur et voulaient notre bien et que nous devions toujours être de bons et fidèles *sujets !*

Il faut avouer, M. Strauss, que la guerre est une horrible chose, car non seulement elle tue et elle ruine, mais encore elle fausse les idées, corrompt le jugement, fait trouver injuste et barbare aujourd'hui ce qui était juste et héroïque hier, et cela encore identiquement dans les mêmes circonstances. Aujourd'hui le roi de Prusse qui a enrégimenté tous les hommes valides de l'Allemagne, qui leur a donné des uniformes et des numéros d'ordre, fait traiter de rebelles tous ceux qui se souviennent d'être français, qui, avec ou sans uniformes, défendent leur pays, tous ceux qui préfèrent la mort à la honte de leur patrie. Il fait rançonner, piller, brûler les villes et villages où l'on a osé lui résister; il enlève, prend en ôtages les autorités communales, les fait fusiller, pour semer la peur et le découragement, fait dire par ses généraux que pour un soldat tué, quatre habitants français, *coupables ou innocents*, seront passés par les armes pour apprendre à vivre aux autres.

Et pour excuser tout cela on dit que c'est la nécessité de la guerre, qu'on doit tuer pour ne pas être tué, et que pour tuer *légalement*, on doit avoir un uniforme, et que pour tuer dans les règles prescrites par les rois, il faut être enrégimenté!

Qu'ils soient maudits, ceux qui font de pareilles lois, qu'ils soient maudits ceux qui changent l'homme, bon et paisible, en bête fauve, qu'ils soient maudits ceux qui, de gaité de cœur, jettent la ruine et la mort parmi des millions de familles! Et si la guerre a de si horribles nécessités, si l'uniforme est un brevet de bourreau et d'assassin, que l'humanité jette un cri d'horreur et de malédiction contre tous ceux qui provoquent un pareil fléau.

C'est tout simplement affreux et tout ce que les journaux allemands ont flétri avec raison, dans cette abominable guerre du Mexique, nous le voyons se reproduire dans cette guerre que l'erreur d'un côté, l'ambition de l'autre continuent à faire à la malheureuse France, qui n'a pas voulu de cette guerre, qui a été entraîné par quelques braillards, par une politique misérable, mais qui a protesté contre la guerre d'après les avis mêmes de ses préfets vendus et corrompus, qui a protesté contre la guerre par les sept millions et demi de voix qu'elle a données à Napoléon, le soutien de l'ordre et de la *paix!*

Jamais, dans l'histoire, nation n'a eu l'occasion de se montrer grande et magnanime comme l'Allemagne après Sédan. L'armée française était détruite, la France avait vomi cet empereur de charnier, elle était sans armes, sans défense, elle aurait, avec reconnaissance, accepté la paix offerte par un ennemi généreux, car le gouvernement nouveau déclara aussitôt qu'il n'avait d'autre désir que celui de maintenir l'honneur national et de rétablir la paix. Mais le roi de Prusse marche en avant, le jour même de la reddition de l'armée, il ne veut faire la paix qu'à Paris, il veut avoir son entrée triomphale dans cette capitale du monde, il ne veut pas traiter avec ces hommes, qui ne sont pas même généraux, il voudrait, dit-on, traiter avec l'ancien ennemi de de l'Allemagne, celui qu'elle haît et méprise, avec le massacreur du 2 Décembre.

Mais non, *cela* est impossible, car ce serait infâme, ce serait allumer la guerre civile, et la bêtise humaine a des bornes!

Et pendant qu'on continue cette guerre, que nos enfants, nos frères grelottent de froid, bivaquent en plein air, les habits mouillés par la pluie, les pieds dans la boue, souffrant de la dyssenterie, décimés par les balles et qui pis est, par le typhus et les maladies, loin de leurs mères, de leurs femmes et de leurs enfants, loin de tout ce qui les attache à la vie, celui que l'Allemagne haît et déteste, celui qui est la cause de la guerre, qui a jeté des millions de familles dans le deuil et la misère, ce Mandrin doublé de Robert Macaire, est traité en souverain, appelé „ Monsieur mon frère, „ par le roi de Prusse, nourri par les dix-huit cuisiniers et habillé par les valets de chambre envoyés par la reine de Prusse, logé dans le plus beau château, le Versailles de l'Allemagne, entouré de luxe, de bien être et de soins; des médecins nombreux lui prodiguent leur art, car le pauvre homme est indisposé, il tousse, et on l'accable de prévenances, on lui envoie les plus beaux chevaux, des carrosses, on lui construit une écurie, on lui organise un service régulier pour avoir toujours les nouvelles fraîches de la France et encore ce service lui appartient à lui, les habitants de Wilhelmshœhe ne peuvent en profiter, car c'est „ le service de l'empereur. „

Tenez M. Strauss, ce serait risible, si ce n'était affreusement triste. C'est se moquer ouvertement des fidèles sujets, c'est compter un peu trop sur la bêtise et la lâcheté humaines.

SIXIÈME LETTRE.

„ La guerre, quand elle va au-delà de la défense, a d'ordinaire
pour but de gagner quelque chose sur l'ennemi, „ Hélas! cette
phrase est sortie de la plume d'un penseur, c'est à M. Strauss,
qu'elle sert à justifier les prétentions de conquête : l'annexion
de l'Alsace et de la Lorraine à l'Allemagne.

Mais, M. Strauss, vous vous contre-dites vous-même, car vous
avez dit que ce n'étaient que les guerres de défense qui étaient
justes, mais que si elles allaient au-delà, elles devenaient injustes!

Mais vous désirez justifier la conquête, et la contradiction s'ex-
plique. Je ne la regrette pas moins pour cela de la part d'un
homme comme M. Strauss. Il est vrai que vous protestez de
votre désintéressement, ce n'est pas une conquête, c'est une
sécurité que vous voulez donner à l'Allemagne pour l'avenir, car
vous dites : „ Nous ne rendons nullement notre position meilleure pour l'avenir, en ménageant ce peuple, (*ce peuple* est dur,
M. Strauss), au contraire, nous l'empirons. Puisque, en tous
cas. nous n'avons rien à attendre de son bon vouloir, nous
devons prendre nos mesures pour que dorénavant son mauvais
vouloir ne puisse pas nous faire de tort. „

Nous voilà des barbares devant porter la ruine et le deuil,
promener la mort et la destruction dans tout un noble pays,
nous voilà l'ennemi à perpépuité de la France, nous voilà con-
damnés à avoir toujours la main sur la garde de notre épée,
nous voilà qui faisons d'une guèrre déplorable, irréfléchie, une

guerre de race, une guerre d'extermination! Car, M. Strauss, vous m'accorderez bien que la France, ainsi provoquée par les atrocités de cette guerre que nous lui faisons, humiliée par la conquête, par les provinces que nous lui arrachons violemment et qui sont françaises avant tout et quoi que vous en disiez, que cette France, dis-je, restera l'ennemie de l'Allemagne, qu'elle continuera à armer et à s'apprêter à une nouvelle lutte, car elle aura sa revanche à prendre, son humiliation à effacer, son honneur national à venger.

Est-ce là le résultat que le penseur, l'homme de bien, l'ami du progrès veut obtenir? Est-ce son rôle de jouer dans le jeu des princes conquérants, ou a-t-il pour mission de combattre les erreurs et les fautes du passé et de prêcher la paix et la concorde basées sur la justice et le droit commun?

Si j'osais donner un avis à un homme aussi éminent par la science et l'érudition, je dirais à E. Strauss : Réfléchissez, pesez bien les conséquences de votre acharnement contre la France, car vous acceptez une terrible responsabilité : la lutte à outrance, à mort, entre deux nobles et grandes Nations, ayant toutes les deux des aspirations généreuses, des qualités réelles, quoique diverses, entre deux Nations si bien faites pour s'entendre, pour s'entre-aider et pour s'estimer! Vous voulez séparer à jamais ce qui a été séparé pour un moment par une politique perfide et déplorable, vous voulez donner à l'Allemagne et à la France une guerre interminable, car ce sera une guerre de haine et de vengeance.

Non, M. Strauss, vous vous trompez vous-même, c'est impossible autrement; car un homme qui, comme vous, a trouvé une parole si enthousiaste, si généreuse, pour flétrir l'oppression et la superstition; un homme, qui a répandu les lumières, qui a prêché la liberté, qui a combattu avec tant de courage les abus et les erreurs du passé, ne peut pas vouloir donner à son pays une pareille calamité, ne peut pas vouloir déchaîner le fléau de la haine et de la guerre entre deux grandss et belles nations. Un homme comme vous, M. Strauss peut se tromper pour un moment, se laisser entraîner par une juste colère, mais la réflection lui reviendra, et alors il donnera sa voix à la réconciliation, à la concorde, à l'oubli des erreurs et des malheurs causés

par un malendu, par une politique contraire aux droits et à
la justice de la société.

Et ensuite l'annexion de l'Alsace et de la Lorraine, ne serait
pas seulement une provocation perpétuelle, ce serait encore une
faute et un danger pour l'Allemagne.

L'Allémagne cherche l'union, l'harmonie parfaite entre tous les
peuples qui forment la grande patrie commune : que ferait-elle
alors de ces deux provinces ennemies? Croit-elle se les attacher
comme alliées, comme sœurs, ou veut-elle s'en faire le gendarme
à perpétuité? Le Schleswig-Holstein est resté allemand, la Lom-
bardie et la Vénétie sont restées italiennes, l'Alsace et la
Lorraine resteront françaises, car elles se considéreront toujours
comme provinces conquises, elles seront toujours blessées par la
loi, quelque juste qu'elle soit, car cette loi vient de leur conquérant. Et alors elles ne seront pas un appui, elles seront
un danger pour l'Allemagne, car elles seront ses ennemies le
jour de la bataille. Le Schleswig-Holstein n'a pas marché avec
le Danemark, il a marché contre lui, Milan et Venise n'ont pas
soutenu l'Autriche, ils l'ont minée, ruinée par leur haine implacable,
et nous qui avons chanté si longtemps „ Schleswig-Holstein
Meerumschlungen, „ nous devons savoir ce que c'est que la
passion d'un peuple quand il s'agit de l'affranchissement de
ses frères, et encore nous n'étions pas un peuple uni, nous étions
partagés par la politique de nos maîtres, tandis que la France
sera unie dans sa rancune et sa haine.

Et puis, quand nous aurons ces provinces, qu'en ferons-nous,
à qui les donnerons-nous? Sera-ce à la Prusse, à la Bavière, au
Bade! Et puis que diront les autres qui n'auront rien reçu, et
puis que deviendra notre *unité*, si nous augmentons le nombre
de nos rois au lieu de le diminuer?

Ensuite que dira de nous l'Europe, elle qui a admiré le superbe élan de l'Allemagne pour se venger de l'insulte d'un insolent parvenu? elle qui a admiré sa bravoure, son abnégation,
son union devant l'ennemi commun? Ne la trouvera-t-elle pas
injuste, conquérante, un danger pour l'équilibre et la paix
publique, ne craindra-t-elle pas que nous demandions aussi
partie de la Suisse, de l'Autriche, de la Russie, partout où
on parle allemand, et alors ne se coalisera-t-elle pas contre

nous pour une nouvelle lutte? Et alors ne serons-nous pas obligés d'être toujours armés jusqu'aux dents, car nous serons devenus un objet de crainte et disons le avec franchise, de haine pour l'Europe alarmée, comme Napoléon l'a été aux beaux moments de sa fortune? Et alors, la Prusse ne devra-t-elle pas maintenir ses armées, les augmenter toujours, absorber les meilleures forces de la richesse publique, et alors les autres gouvernements ne devront-ils pas en faire autant, et l'Europe ne deviendra-t-elle pas une immense caserne?

Ce n'est pas là ce que peut vouloir ma noble patrie, car elle a combattu, en Prusse et ailleurs, cette funeste tendance militaire; elle aime le travail, l'intelligence, elle veut le progrès, la liberté, la justice; mais elle ne veut pas créer un état de choses qui aurait pour base l'arbitraire et la force, pour conséquence la haine et la guerre.

Mais, diront la passion et l'ignorance, l'Alsace et la Lorraine étaient des provinces allemandes, l'histoire est là, elle nous l'enseigne. Oui, l'histoire est là, faisons en.

C'était un triste temps que celui où la Lorraine fut perdue pour l'Allemagne. La féodalité s'en allait et le pouvoir absolu s'était établi sur les débris des communes et sur l'arbitraire de tout le reste. Quand la Lorraine fut conquise par Henri II de France en 1552, il n'y avait pas d'Allemagne, il y avait un Saint-Empire romain et un empereur espagnol, Charles Quint; il n'y avait pas de patrie, mais des royaumes, des évêchés, des comtés sans nombre; il n'y avait pas de nation allemande, mais des princes, ducs et comtes, les uns plus voleurs et plus despotes que les autres; il n'y avait pas de droit et de justice, il n'y avait que la conquête et la force brutale; il n'y avait pas de peuple, il y avait des serfs et des maîtres, et celui de ces maîtres qui était le plus fort était de droit possesseur des provinces qu'il avait volées et qu'il savait maintenir et défendre par les armes.

Du reste, les droits de l'Allemagne sur la Lorraine remontent dans les nuages des temps et M. Strauss les abandonne.

Quand à l'Alsace c'est autre chose, c'est une conquête, et soyons juste, cette conquête, la France ne l'a pas volée, elle l'a payée par les services qu'elle a rendus à l'Allemagne qui combattait pour sa liberté de conscience contre l'absolutisme de la double maison d'Autriche et d'Espagne.

Le grand Gustave Adolphe était mort, la bataille de Nördlingen en 1634 avait anéanti les armées de la Suède et des princes défendant la Réformation; la maison d'Autriche était victorieuse et son immense absolutisme menaçait d'absorber l'Allemagne tout entière. C'est alors que Richélieu, non pas par un esprit de liberté et de justice, les grands et les princes ne connaissent pas cet esprit là, mais par crainte et par jalousie contre la domination de l'Autriche, fit un traité d'alliance avec Bernhard de Weimar, le seul homme de guerre qui avait les talents et le pouvoir de combattre encore l'Autriche. Richelieu lui payait un subside de six millions de livres par an, lui assurait la possession, après la victoire, de l'Alsace, par contre Bernhard commandait son armée au nom du roi de France. Bernhard répondait aux espérances de Richelieu, il battait partout l'Autriche ; mais quand il mourut en 1639, la France, par corruption, par ruse et par violence, s'emparait de son armée et de plus de sa province que lui-même n'avait fait que voler. Jusqu'à la fin de la guerre de trente ans, les armées de la France combattaient l'absolutisme de l'Autriche et en celà la France nous a rendu service, aussi ne pouvons nous pas nous plaindre qu'à la paix de Münster, en 1648, l'Alsace ait été définitivement donnée à la France. C'était au moins une récompence méritée.

Les droits de la Prusse, si droit il y a dans cette politique du passé, ne sont peut-être pas si mérités pour justifier sa domination sur l'Allemagne, et elle aurait tort d'invoquer le droit historique, car ce droit ne lui est certes pas favorable.

En 1417, l'empereur Sigismond, qui avait besoin d'argent — ce qui arrivait souvent à nos empereurs du Saint Empire romain, preuve notre chevaleresque Max, qui se faisait payer ses chemises par sa fiancée de Bourgogne et ses services par tous ceux qui en avaient besoin — *vendit* au comte (bourgrave) Frédéric de Nuremberg, de la maison de *Zollern* toutes les provinces de Brandebourg, pour une somme de 400,000 florins d'or. On voit par ce prix que nous autres peuples, qu'on vendait comme du bétail, nous ne valions pas gros à cette époque, car c'était une vente corps et biens.

Voilà l'origine de la maison de Hohenzollern. Mais Fréderic n'était que marquis (Markgraf) de Brandebourg, voilà comment ses successeurs changèrent ce nom en celui de la Prusse.

En 1525 Albrecht de Brandebourg, un cousin quelconque, était Grand Maître de l'ordre teutonique, ordre catholique, cela va sans dire. Mais Albrecht se fit luthérien et vola ainsi les provinces de l'ordre catholique, car cela se faisait beaucoup pendant la Réforme, c'était même un grand moyen de conversion, qui, plus que toutes les convictions, a contribué au succès de la révolte de Luther contre Rome. A cette occasion. on fit le traité de Cracau, car alors comme aujourd'hui, on faisait toujours un traité pour consacrer la spoliation, cela impose aux peuples qui partout s'inclinent devant la chose écrite et scellée des armes de leurs maîtres. Par ce traité une partie de la province de Prusse fut *donnée* à Albrecht comme duché transmissible à ses successeurs, la Pologne en avait déjà *pris* le reste. Albrecht gouverna sa part pendant 40 ans, comme *fief* relevant de la Pologne, et il eut pour fils un idiot qui gouverna tout de même pendant 50 ans, mais sous la tutelle, avec l'autorisation de la Pologne, de plusieurs marquis de Brandebourg, Seulement à la mort de l'idiot, le tuteur en 1618 prit la province, sans autre forme de procès, comme une propriété inaliénable et sacrée, cela va sans dire.

Comme l'eau va à la mer, les gros bataillons attirent les nouveaux sujets, et les marquis de Brandebourg, devenus électeurs de l'Empire, étaient ambitieux et peu scrupuleux, aussi leurs états s'arrondirent-ils et en 1701 le dernier de ces électeurs se mit sur la tête la couronne royale et devint ainsi Frédéric Ier, roi de Prusse.

Je ne dis qu'en passant, car M. Strauss le saura mieux que moi, que le *duché* de Prusse n'a jamais fait partie de l'*Empire* d'Allemagne, de sorte que, si les désirs de M. Strauss se réalisent, nous aurons un empereur d'Allemagne. qui a été homme-lige de la Pologne.

Cela a duré jusqu'en 1772, quoique cette suzeraineté de la Pologne sur le *duché* de Prusse fut tombée en desuétude. Alors, la Prusse fit cesser cette soumission. en se faisant la complice, peut-être l'instigatrice — cela n'a jamais été éclairci — d'un des faits les plus iniques, les plus abominables dont l'histoire fasse mention : le premier partage de la Pologne.

Après un pacte secret, en pleine paix, sans provocation aucune, sans déclaration de guerre, les armées de la Prusse, de la Russie et de l'Autriche envahirent la malheureuse Pologne, la déclarèrent pays conquis, emprisonnèrent, fusillèrent les rares défenseurs de la Pologne surprise et violentée. Les trois armées commirent des atrocités sans nombre, mais celle de la Prusse fut la plus implacable : elle prit tout, rançonna, ravagea villes et campagne sur son passage, brûla, pilla, incorpora les jeunes Polonais dans ses régiments, maria les filles riches à ses soldats, après les avoir dotées de toute la fortune des parents, dispersa les familles polonaises de force en Poméranie et ailleurs. Au mépris de tout droit, de toute justice, les trois voleurs, disons le mot, que tous les trois l'histoire appelle *Grands*, le grand Frédéric de Prusse, la grande Catherine de Russie, la grande Marie-Thérèse d'Autriche, la dernière de commun accord avec son fils Joseph II, un des *meilleurs* monarches des temps modernes, ce qui peut donner la mesure des autres, se partagèrent le tiers de la Pologne, déclarèrent ce vol infâme, inviolable et sacré, et *rebelles* tous les Polonais qui oseraient leur disputer leur proie. Le grand Frédéric, le même „ qui volait une province (la Silésie) et respectait un moulin „ eut pour sa part *la Prusse polonaise*, excepté Dantzic, qu'elle ne *prit* définitivement qu'au second partage en 1792, ce qui établissait la communication des diverses parties formant le royaume de Prusse et ce qui compléta le *Duché de Prusse* par la part qui avait appartenu à la Pologne, depuis 1525.

C'est donc ce duché de Prusse qui n'est pas même d'origine et de race allemande, qui doit fournir ses empereurs futurs à l'Allemagne, et certes M. Strauss m'avouera que les titres des *rois de Prusse* à la domination sur l'Allemagne ne sont pas d'une honnêteté à toute épreuve, même qu'ils sont tant soit peu véreux et rappelant les hauts faits de la forêt de Bondy.

Mais il est vrai que tous les autres rois et princes d'Europe ont la même base de leur pouvoir : la violence, l'arbitraire et — la bêtise humaine.

On doit avouer que le sort des peuples dépend de singulières

circonstances et que les rois ont tort de trop invoquer le droit
historique. Il est vrai que notre droit, à nous peuples, ne compte
pas, car comme dit Goethe.

> vom Rechte das mit uns geboren,
> Von dem ist leider nie die Rede!

Ce qui veut dire en prose :

> Du droit qui est inhérent à l'homme on ne parle, hélas! jamais!

Cela n'est pas consolant, c'est même triste, mais cela est encore
ainsi de nos jours. Et hélas! ce qui est encore plus triste, c'est
que l'Allemagne ne paraît pas trop s'en émouvoir.

La question considérée à n'importe quel point de vue, l'Allemagne ne peut jamais gagner à une annexion de l'Alsace et
de la Lorraine. Cette annexion empêcherait la France de donner
suite à l'idée d'un désarmement général, elle maintiendrait un
état de choses déplorable, elle renforcerait le pouvoir absolu,
elle perpétuerait notre propre servitude.

La France ne doit pas être humiliée, elle ne doit pas être
„ une pénitente „ comme dit M. Strauss, elle doit être gagnée
à l'Allemagne par notre grandeur d'âme; elle ne doit pas demander pardon, elle doit trouver l'oubli de nos erreurs et de
nos fautes communes.

La France ne doit pas être soumise, elle doit être notre alliée,
l'Allemagne et la France ne doivent plus se haïr, elles doivent
marcher main en main, elles doivent être des sœurs. La garde
la plus solide que l'Allemagne puisse placer sur le Rhin, garde
plus sûre, plus fidèle, que „ sa Wacht am Rhein, „ sa Marseillaise
dans ce moment, c'est la concorde, la liberté et la grandeur de
la France et de l'Allemagne.

SEPTIÈME LETTRE.

L'Allemagne ne cesse d'accuser la France d'avoir été toujours
un danger et une attaque pour elle, d'avoir toujours menacé son
„ indépendance et ses libertés. „

Que l'ignorance formule ce reproche, que le calcul de la politique de nos maîtres le propage, y trouvant son compte, je
le comprends, mais que M. Strauss lui prête l'autorité de son
talent, je le déplore. La mission d'hommes éminents est de faire
disparaître les préjugés et les erreurs, non pas de les exciter
et d'en faire une arme aux mains des ambitieux. L'historien a
un devoir sacré à remplir, et le jour où il aura fait voir clair
aux peuples abusés, l'oppression des pouvoirs injustes aura cessé.

J'ai déjà parlé des guerres qui ont fait perdre à l'Allemagne
la Lorraine et l'Alsace, et M. Strauss m'avouera que ces guerres
ont peut-être empêché l'Allemagne d'être complètement absorbée
par cette fanatique et ignorante maison d'Autriche et d'Espagne.
Quant à „ l'indépendance et aux libertés „ de l'Allemagne, je ne
sais trop s'il faut en parler, car à cette époque elles n'exis-
taient plus, si jamais elles ont existé, nos princes et maîtres
en ayant fait litière depuis longtemps.

Reconnus souverains par le traité de Munster, nos maîtres
n'avaient d'autre désir que de s'arracher les lambeaux de la
noble Allemagne et d'étouffer les derniers vestiges de liberté et
de dignité nationale. Ce n'était plus seulement l'abus de la force
brutale, on y avait ajouté cette humiliation plus grande de la

ruse, du mensonge et de la déloyauté, on avait inventé la *diplomatie*. Depuis, l'honnèteté a disparu des rapports entre les différentes cours d'Europe : la guerre actuelle nous en fournit une nouvelle preuve.

La fameuse diète de Ratisbonne, établie en 1633, était le seul simulacre de l'unité allemande et l'Allemagne a supporté la honte de cette diète jusqu'en 1806 ! Les princes y étaient représentés, l'empire y avait son commissaire, mais l'Allemagne n'y était pour rien, elle y était humiliée, spoliée, rendue méprisable. On y discutait de questions de préséance, de titres, les droits des divers ambassadeurs d'avoir un fauteuil ou un tabouret, sur le tapis ou seulement sur les franges du tapis du baldaquin du commissaire impérial, et cela pendant que les Turcs envahissaient l'Allemagne, menaçaient d'en faire une province de leur empire.

La honte de cette diète et du déplorable état de l'Allemagne se comprendront mieux quand on saura que notre dernière confédération, le triste „ Bundestag ,, que la Prusse, en 1866, a jeté aux ordures, était une copie, revue et corrigée, de l'ignoble diète de Ratisbonne.

Si cette représentation nationale était humiliante, le pouvoir qu'exerçait les princes était tyranique et absolu. Les peuples d'Allemagne étaient si épouvantablement opprimés, qu'ils n'avaient plus ni volonté, ni désirs, que toute dignité nationale avait disparu, que le bon plaisir de leurs maîtres était leur seule justice, l'obéissance servile leur seule loi.

C'est alors que nous avons eu les guerres honteuses de l'insolent Louis XIV, de l'immonde Louis XV, et si quelque chose peut justifier les conquérants étrangers, c'est l'infamie de nos propres maîtres qui vendaient l'honneur et la dignité de l'Allemagne pour un lopin de terre, pour une pièce d'argent. Ces guerres, je ne veux pas les excuser, d'étaient les guerres du pouvoir absolu, et ce sont ces guerres et ce pouvoir absolu, que le sublime élan populaire de 1789 a voulu jeter aux gémonies.

Mais M. Strauss, pouvez-vous prétendre, prouver, que depuis 1789, la France libre ait attaqué l'Allemagne, que c'est elle qui a commencé la lutte horrible de 92, qui a eu pour résultat de jeter la France dans les bras de ce soldat heureux, sans conscience, que toute l'Europe a haï, détesté, et quelle a jeté par terre à Waterloo. Pouvez-vous dire en conscience que ce n'est pas la Prusse qui a commencé cette épouvantable guerre, que ce n'est pas elle qui a lancé le trop fameux Manifeste du duc de Brunswick, manifeste qui a provoqué les journées de Septembre, qui a jeté la France dans la terreur et qui lui a donné à combattre l'Europe coalisée, tous ces rois et maîtres, qui craignaient pour leur pouvoir absolu.

Et quand en 1830 la France fut redevenue libre, quand en 1848 elle se fut déclarée en république, en quoi a-t-elle attaqué l'Allemagne? A-t-elle fait marcher coutre elle un seul soldat, ou s'est-elle contentée de lui envoyer ses idées de liberté et de bonheur social pour combattre chez elle son pouvoir absolu?

Voilà ce que ce pouvoir n'oublie pas, voilà ce qu'il lui reproche, voilà ce qu'il voudrait lui faire payer aujourd'hui. Mais la France libre n'a pas attaqué l'Allemagne libre, elle a fait des vœux pour elle, elle a vu dans sa liberté, dans son émancipation, la garantie et la durée de sa propre liberté et de son affranchissement des abus du passé. Ce n'est pas la France libre de 1830 et 1848 qui a demandé les frontières du Rhin, ce sont les criailleries intéressées de ses gouvernants aux abois, qui avaient besoin d'un dérivatif à leur déplorable politique, sans parler des rêves de quelque poète en vacance, ou des déclamations de cet autre, abruti par l'absynthe.

Voilà ce que M. Strauss n'a pas vu, et je suis en droit de regretter qu'un historien comme lui et qui devrait connaître le fond des choses, au lieu de mettre l'autorité de son talent du coté de la raison et de la conciliation, l'ait fait contribuer à exciter d'avantage les esprits égarés qui prétendent, de bonne foi encore, que la destruction de la France est nécessaire pour établir l'unité de l'Allemagne.

L'histoire ne voudra pas croire à cette haine immense, à cet acharnement atroce de l'Allemagne contre la France républicaine, et elle frappera de sa reprobation les hommes qui, comme M. Strauss et M. von Sybold, ont abusé de l'influence que leur donnait leur talent, pour pousser deux nobles peuples à la destruction et au massacre.

L'histoire sera sévère pour ces hommes car elle prouvera

que, par l'excitation à la continuation de la guerre après Sédan ce triomphe unique dans les siècles, ces hommes ont accepté une terrible responsabilité, en manquant à tous leurs devoirs d'esprits supérieures et éclairés. L'histoire, M. Strauss, prouvera que, si l'unité de l'Allemagne n'a pas été faite plus tôt, c'est à cause de notre propre faiblesse, que la France n'y a jamais porté obstacle, au contraire, que c'est son exemple en 1848 qui nous a servi pour commencer notre œuvre d'émancipation et de régénération. L'histoire prouvera, M. Strauss, que la France républicaine, affranchie de cet ignoble grédin qui lui avait volé sa liberté et son indépendance par les massacres du 2 Décembre, aurait tendu la main à l'Allemagne libre, qu'elle aurait été reconnaissante à son ennemie généreuse, et que l'unité de l'Allemagne était faite par le respect qu'elle avait su inspirer par son héroïsme et la grandeur de sa générosité. L'histoire dira, M. Strauss, que des hommes de talent et de cœur avaient pour mission de prouver à l'Allemagne exitée et égarée par la passion et la gloire, que sa satisfaction était complête, que la France avait payé cher un moment d'erreur, que les deux nations avaient des qualités diverses, mais réelles, dont le progrès aurait profité, et que la liberté de l'une était la garantie de la liberté de l'autre.

Voilà, M. Strauss, ce que dira l'histoire, et c'est à l'histoire que vous devrez compte de votre erreur !

Mais, répond la passion, qui n'est jamais à court de mauvaises raisons, la France, si elle avait été victorieuse en aurait fait autant, Napoléon III nous aurait pris le Rhin, nous aurait rançonnés, dévastés. C'est vrai; il aurait fait tout cela, il aurait peut être fait pis que cela, car le règne de Napoléon était aussi le pouvoir de la force brutale, il n'avait rien de commun avec la justice et la liberté, et je ne fais pas à ces armées de l'empire de Napoléon, commandées par des drôles et des traîtres, comme nous l'avons vu à Sédan et à Metz, l'honneur de les placer sur le même rang que les armées de la Prusse, sortant de toutes les classes de la société, et encore je n'établis cette distinction en faveur des armées allemandes, que jusqu'à la vic-victoire de Sédan ; mais quelle est la conclusion qu'on veut en tirer pour justifier nos excès, pour excuser les horreurs de la guerre que nous continuons à faire?

Nous sommes, et M. Strauss le crie sur tous les toits, la Nation la plus éclairée, la plus morale, la plus civilisée, sans parler de notre modestie, et nous imitons les erreurs et les violences d'un empire que nous méprisons, nous trouvons juste pour la France ce que nous aurions condamné comme injuste pour l'Allemagne.

Nous jouons le jeu de nos maîtres, qui ne demandent pas mieux que de nous voir ainsi embrasser leur cause, nous innocentons Napoléon III de son insolence et de ses désirs de spoliation. Nous oublions que le droit et la justice sont les mêmes pour tous, et qu'en les violant à l'égard de la France, nous ne faisons qu'affirmer et renforcer la politique inique et déplorable de nos maîtres. Nous voulons que dorénavant la France respecte nos frontières et nous commençons par lui voler les siennes!

Avouez, M. Strauss, que ce n'est pas là une logique qui pourra justifier „ notre intelligence, notre moralité et notre civilisation „ et par contre je vous avouerai que la France nous avait provoqués et que par conséquent c'est à elle de nous payer les frais de guerre et tous les torts qu'elle nous a causés.

Vous me repondrez, peut-être, M. Strauss, qu'il y a de ces choses qu'on ne paie pas avec de l'argent, mais, vous demanderai-je à mon tour, payerez-vous les veuves, les orphelins, tous les malheurs et toutes les ruines de cette guerre atroce avec l'annexion de quelques provinces? Donnerez-vous à ces malheureux, aux mutilés, aux infirmes, qui ne pourront plus gagner leur vie par le travail, une portion de ces provinces ou les nourrirez, vous de gloire militaire et de la grandeur de ces princes à qui vous aurez alloué l'Alsace et la Lorraine?

En poussant à la continuation de cette épouvantable guerre, n'avez vous jamais pensé, M. Strauss, à ces pauvres veuves et orphelins, à leur deuil et à leur misère, ne vous est il jamais venu à l'idée que les pauvres mutilés n'auront d'autres ressources pour ne pas mourir de faim que la mendicité et la charité publique! Vous devez pourtant vous rappeler M. Strauss, par ce que vous avez vu dans votre jeunesse, après 1813, que les princes se soucient fort peu de ceux qu'ils ont fait mutiler sur les champs de bataille et que la „ patrie reconnaissante „ oublie bien vite les veuves et orphelins faits dans son intérêt ou plutôt dans celui de nos maîtres.

Dans ma jeunesse, et alors bonne partie d'entre eux étaient déjà morts de misère et de privations, on me désignait souvent de ces pauvres défenseurs de l'indépendance de l'Allemagne et qui avaient rétabli le roi de Prusse sur son trône, qui cassaient des pierres le long des chaussées, qui tendaient leur main mutilée à l'aûmone, ou a qui la clémence royale avait octroyé le droit de jouer de l'orgue de barbarie. Et alors on introduisait dans nos écoles d'anciens officiers de 1813, qui nous récitaient des pièces de vers héroïques, et dans leur emphase, ces malheureux levaient au ciel le tronçon de leur bras, nous montraient ou leur jambe de bois, en buvant leurs larmes de honte de devoir exciter notre pitié pour trouver un morceau de pain. Ou on nous exhibait de misérables invalides qui avaient sacrifié bras et jambes à l'indépendance de l'Allemagne, et à qui on permettait de nous montrer des marionnettes ou de grossiers petits ouvrages en bois ou en cire que la terrible nécessité leur avait appris à fabriquer. Et ceux qui étaient parvenus à se créer une industrie me racontaient qu'ils avaient droit à une pension de deux ou de trois Thalers par mois, mais qu'ils l'abandonnaient à de plus malheureux qu'eux, et tous ces pauvres misérables avouaient dans l'intimité, que les promesses de leurs princes n'avaient pas duré plus longtemps que les rêves de liberté de l'Allemagne asservie, et alors il y avait de la haine et de la malédiction dans la voix de ces tristes victimes de l'ingratitude de quelques douzaines de rois et princes qui seuls avaient profité de l'héroïsme de toute une nation.

Voilà, M. Strauss, ce que moi j'ai vu, et ce que malheureusement nous verrons encore, et c'est là ce qui me fait prendre en horreur la guerre et sa gloire.

Soyons justes, M. Strauss, cette guerre d'aujourd'hui est un malheur, un épouvantable malentendu, le résultat d'une politique malsaine, la suite d'un état des choses déplorable; faisons donc tout notre possible dour adoucir ses malheurs, pour réparer ses ruines, pour effacer ses haines, et que cette guerre nous serve de leçon pour l'avenir. Si la France a provoqué la guerre, avouez, M. Strauss, qu'elle l'a payée assez cher et que son expiation est grande. Oublions donc le passé et ne pensons qu'à empêcher le retour de pareils malheurs pour l'avenir, mais ne continuons pas à ruiner des innocents, à faire tuer nos propres enfants, à faire mourir de faim des veuves et des orphelins pour le bon plaisir et l'ambition de nos maîtres.

Pour en finir avec la France, je tiens au moins à constater la prétention de M. Strauss, que l'Allemagne est supérieure à la France, qu'elle *pense* et que par conséquent l'empire du monde lui appartient. Je laisse cette discussion à M. Rénan, c'est son métier, tandis que moi, je ne suis qu'un ignorant, et je me borne à demander d'abord à M. Strauss, quelles sont les libertés que cette fameuse instruction de l'Allemagne a données au monde, pour justifier cette prétention, car M. Strauss ne trouvera certes pas cette justification dans la barbarie de cette guerre, qui est la première affirmation de l'unité allemande, et il connaît trop bien le fond des choses pour vouloir abuser de cette éternelle rengaine de la *Réforme*.

M. Strauss sait trop bien que cette Réforme n'a pas voulu l'affranchissement et l'émancipation des peuples, au contraire, qu'elle a combattu les rèves de liberté qu'elle avait fait naître, que Luther a combattu Thomas Müntzer qui défendait les réclamations justes des paysans révoltés contre l'abominable oppression de leurs impitoyables maitres. La Réforme n'a pas été le réveil du droit et de la justice, elle n'a été qu'une révolte d'un moine contre l'absolutisme de Rome elle n'a été qu'une misérable dispute théologique et dogmatique; la Réforme n'a pas voulu l'émancipation de la pensée elle l'a *soumise* à l'interprétation de la Bible : son libre arbitre traînait la chaîne, portait le boulet. La Réforme a tué la Renaissance qui discutait les vérités humaines, et la Réforme déblaterait sur la présence réelle et sur la Grâce; la Réforme a élevé autel contre autel, elle n'a donc pas tué le fanatisme, elle l'a ranimé en armant la main du père contre le fils, du frère contre le frère : elle nous a donné la Saint Barthólómy et la guorro de trente ans. La Réforme n'a pas voulu faire cesser le despotisme qui écrasait le pauvre peuple, an contraire, elle a prêché la soumission à nos maîtres, l'obéissance passive : elle a reconnu et renforcé le *droit divin*; la Réforme n'a pas voulu l'émancipation de la raison, au contraire, Luther lui-même l'a proscrite et villipendeé dans des termes ignobles ; la Réforme n'a pas voulu l'affranchissement la conscience, elle a été une autre forme d'erreur et de fanatisme, et à la diète d'Augsbourg, au traité de Munster, elle a décrété que les peuples devaient suivre la réligion de leurs princes ; la Réforme n'a pas été la lumière qui éclaire, elle a été une torche qui brûle et qui a allumé les guerres civiles ; la Réforme n'a pas voulu la fraternité et la concorde des peuples, au contraire, elle a semé la haine et la division, car elle a été plus intolérante que le catholicisme et aujourd'hui encore les différentes sectes du protestantisme se déchirent et s'exècrent : la Réforme n'a pas été une idée, elle a été un dogme ; elle ne nous a pas donné la liberté, elle n'a fait que raffirmer l'erreur, et le progrês de l'humanité a été arrêté par elle.

La Réforme a été la réaction populaire contre la dépravation et l'absolutisme de Rome, le peuple l'a acceptée avec enthousiasme et conviction, mais la Réforme n'a réussi que parce qu'elle permettait le vol des propriétés écclésiastiques au profit des princes et des grands.

C'est à la Réforme que nous devons en Allemagne ce piétisme, ce *Muckerthum*, qu'a pour chef le roi de Prusse et dont M. Straus lui-même n'est pas le partisan, qu'il nous promet même, timidement il est vrai, de combattre, quand pourtant sa logique devrait lui demontrer qu'il ne peut découler autre chose du protestantisme, car il n'est pas la raison, il n'en que l'hyprocisie.

Je me permets ensuite de dire à M. Strauss qu'un pays qui a produit un Rabelais, un Descartes, un Voltaire, un Rousseau, toute cette pleiade d'hommes qu'on appelle les Encyclopédistes, qu'un pays qui a produit des Buffon, des Lavoisier, des Cuvier, des Arago, est en droit de conclure que nous, qui savons tant de choses, nous devrions nous efforcer d'apprendre un peu de modestie.

Mais soit, admettons que l'Allemagne *pense*, alors je réponds à M. Strauss que la France a *parlé*, qu'elle a parlé si haut que le monde l'a entendue et que la liberté a commencé à sortir de cette parole mâle et vigoureuse. Toute cette Révolution de 89 jusqu'au 9 Thermidor n'est qu'un poëme épique en action, il ne lui manque qu'un Homère, ou un Arioste pour la chanter.

Mais j'accorde à M. Strauss que l'empire n'a rien produit, que depuis vingt ans la France a vecu de son fonds, a dépensé en gros sous l'héritage de ses pères! C'est que la pensée vit de liberté, qu'elle ne supporte pas la bride d'un pouvoir despotique, qu'elle meurt au contact de la main de fer de l'absolutisme. La pensée ne supporte pas la censure, elle s'étiole sous l'étreinte de la corruption et de la violence. La pensée sous l'estampille du colportage, sous le règne du bon plaisir, ne produit que des œuvres qui plaisent au maître, qu'il tolère, qu'il demande pour abrutir et corrompre.

Voilà pourquoi l'empire n'a produit que les œuvres malsaines d'Octave Feuillet, les œuvres immorales de Feydeau, d'Alexandre Dumas fils, la glorification de la Lorrette, l'esprit écœurant de M. Villemessant et de ses scribes, les saletés des théâtres de Paris. L'esprit français s'était fait le pitre de l'empire, il battait la grosse caisse pour le maître, et la pensée fut morte en France.

Mais elle revivra, elle resplendira de nouveau maintenant qu'elle est libre, qu'elle ne porte plus les lisières d'un pouvoir abhorré. Et cette pensée flétrira les abus du pouvoir absolu, elle attaquera l'ignorance et la superstition, elle combattra la corruption et la dépravation, elle recherchera le remède à la misère, elle saura résoudre la grave et terrible question de la réorganisation sociale.

La France avait besoin d'une régénération et elle l'aura, car hélas! elle a eu son baptême de sang. Mais elle sortira grande et superbe de cette lutte, quel qu'en soit le résultat, car elle y laissera ses fautes, ses erreurs, ses vices. Elle renoncera à ses préjugés, elle reniera sa vanité militaire, elle recherchera le progrès, elle voudra être un peuple de travailleurs instruits et moraux. Elle profitera des tristes expériences du passé et elle ne voudra plus de cette centralisation absorbante de toutes les forces de la Nation entre les mains de quelques hommes, dans une seule ville, mais elle rendra le libre mouvement à tous les membres qui forment la grande patrie commune. Elle sera une bonne et tendre mère, qui donnera à tous ses enfants la paix, la concorde, et le bonheur. La France ne voudra plus être la grande Nation, la Nation unique, elle voudra être l'égale et l'alliée de toutes les Nations qui, comme elle, marchent à la conquête de la civilisation et du progrès social.

Non, M. Strauss, la France n'est pas morte et l'Allemagne doit le savoir, car, quand toutes ses armées étaient perdues, vendues et trahies par le maître et ses créatures, l'Allemagne a trouvé la France debout et en armes. Elle l'a trouvée prête à tous les sacrifiers pour défendre son honneur national, elle l'a trouvée prête à soutenir la lutte à outrance que continuent à lui faire l'ambition et la haine, car ce n'est plus l'Allemagne qui continue cette guerre affreuse et meurtrière, c'est le pouvoir absolu du roi de Prusse, c'est la volonté implacable de M. de Bismark.

Et c'est pour servir la rancune et les caprices de nos maîtres, qu'on continue à tuer nos enfants, nos frères, qu'on jette deux pays grands et généreux, dans les malheurs et la désolation, qu'on cause la ruine, qu'on sacrifie le bonheur de millions de familles. Cela fait frémir !

Que M. Strauss médite le mot qu'on attribue à M. de Bismark après la prise du clown impérial à Sédan. „ Sire, c'est notre premier revers. „ Il y verra la confirmation de ce que j'ai dit, il y trouvera la preuve que ce n'est pas en Napoléon III, l'homme que l'Allemagne haït et déteste, que M. de Bismark a reconnu l'ennemi, mais qu'il a vu le danger, deviné la mort du pouvoir absolu, dans la liberté renaissante de la *République française.*

HUITIÈME LETTRE.

Je suis Allemand et j'aime ma noble patrie, mais je l'aime libre et juste, je l'aime animée d'aspirations généreuses et humanitaires. J'aime ma pensive patrie, mais je l'aime affranchie de toutes les entraves du passé, je l'aime émancipée de toute oppression, maîtresse de sa volonté, je l'aime forte de son intelligence, grande par sa dignité reconquise, respectée pour sa force, mais estimée et admirée pour sa justice et ses idées de progrès. J'aime ma grande patrie, mais je l'aime marchant à la tête de la réorganisation sociale par l'idée, par le droit et par le travail. J'aime ma belle Allemagne, mais je l'aime comme champion de la grande cause humaine !

Voilà pourquoi j'ai regretté que son unité ait été commencée par les armes et la violence, qu'elle soit sortie d'une bataille, de Sadowa. Voilà pourquoi j'ai regretté que l'unité allemande ne fût pas le résultat de l'union et de la liberté de tous ses peuples, mais qu'elle ait été l'œuvre de l'astuce et de l'ambition d'un ministre autoritaire, d'un roi tout-puissant.

Voilà pourquoi je regrette que l'unité de l'Allemagne n'ait pas été l'affranchissement de l'oppression et de l'injustice du passé, qu'elle n'ait pas été le triomphe de principes méconnus depuis des siècles, mais la victoire d'un homme, qu'elle n'ait pas été l'émancipation et la grandeur de la patrie commune, mais le renforcement du droit divin, la toute-puissance du roi de Prusse.

Je ne méconnais par les services que M. de Bismark a rendus

à l'unité allemand, mais je déplore que l'Allemagne en ait eu besoin pour reconquérir ses droits, pour créer la grande patrie allemande.

La liberté ne se fonde pas par la force, l'union ne se crée pas par la violence, et l'affranchisement et la grandeur de l'Allemagne ne peuvent avoir pour base la volonté d'un roi absolu.

L'œuvre de la régénération et de l'émancipation de l'Allemagne a commencé par la révolution du 18 Mars 1848, et aujourd'hui, l'Allemagne veut mettre à la tête de ses destinés l'homme qu'elle combattait ce jour-là comme le plus implacable ennemi de sa liberté.

Maintenant ce roi, chassé alors de Berlin par la colère populaire, a-t-il changé de principes, a-t-il renoncé à ses idées autoritaires, est-il devenu l'ami de la liberté, désire-t-il l'indépendance de l'Allemagne, ou veut-il créer, renforcer le pouvoir absolu de la maison des Hohenzollern?

Non, et vous, M. Strauss, qui connaissez l'histoire, vous m'avouerez que jamais roi, fût-il le meilleur, n'a voulu la liberté et l'indépendance de son peuple. Il s'en est trouvé, par hasard, qui ont aimé leur peuple, qui ont voulu le voir heureux, mais les rois ne peuvent pas aimer la liberté, car on leur a toujours enseigné qu'elle est une attaque à leurs droits, qu'ils sont les seuls maîtres. Les rois ne peuvent pas renoncer à leur pouvoir absolu, car ils n'en sont que les dépositaires, c'est l'héritage de leurs aïeux qu'ils doivent transmettre intact à leurs descendants; les rois ne peuvent pas abandonner les prérogatives de leur autorité royale, car elle est la sauvegarde et la garantie de leurs enfants, princes, grands dignataires et courtisans quelconques, vivant de la sueur du peuple; les rois ne peuvent pas renier leur *droit divin*, car il leur vient de Dieu et l'existence de la royauté même est attachée à ce prestige; les rois ne peuvent pas aimer le droit et la justice, car tout leur pouvoir est basé sur l'injustice et l'arbitraire; les rois ne peuvent pas aimer la liberté, car elle est la mort du pouvoir absolu.

Joseph II a aimé le peuple, il aurait voulu le voir heureux, et il a dû défaire lui-même toutes ses œuvres de réforme et de liberté.

Simple Régent de son frère malade, Guillaume, prince de

Prusse, l'ennemi en 1848, était devenu l'espoir de son peuple, il lui promettait des libertés et des réformes. C'est juste, le fils ou successeur du roi est toujours ami du progrès et de la liberté, le roi ne l'est jamais et Guillaume I^r prit sa couronne de l'autel de Dieu; il devenait roi de par la grâce de Dieu, roi absolu ! A partir de ce jour il avait semé la désaffection parmi son peuple, il trouvait l'opposition du parlement qui demandait des réformes, surtout la réduction et la réorganisation de l'armée. Il se sentait trop faible pour cette lutte et il se substitua M. de Bismark : le roi disparaissait, c'est son ministre qui a régné depuis.

M. de Bismark „ l'homme du fer et du sang, „ se moquait des désirs du peuple prussien, il insultait, renvoyait le parlement, agissait en maitre absolu, et la désaffection générale menaçait de se faire révolution. C'est alors qu'il gagnait la bataille de Sadowa et le peuple l'acclamait parce qu'il voyait en lui le créateur de l'unité de l'Allemagne.

Je répète que je ne conteste pas les services que M. de Bismark a rendus à cette unité, mais je conteste qu'il les ait rendus à la liberté et à l'émancipation de l'Allemagne et j'affirme hardiment qu'il n'a pas voulu faire une Allemagne unie, mais une Prusse agrandie, ayant pour base, pour seule garantie : la volonté du maître.

Après Sadowa, M. de Bismark a eu une alliée toute-puissante : la haine immense de l'Allemagne pour Napoléon III. Cette haine faisait oublier tout l'arbitaire de M. de Bismark, c'était une excuse pour toutes les dépenses militaires, car ces armements étaient dirigés contre Napoléon III, contre *Lui*, l'ennemi de tous. M. de Bismarck savait bien que l'Allemagne le soutiendrait contre cet homme, et voilà pourquoi il a provoqué la déclaration de guerre du 15 Juillet.

Et maintenant que l'Empire est par terre, que son piètre empereur trône à Wilhelmshöhe, M. de Bismark continue la guerre contre la France, car il déteste la République, parcequ'il sait que son principe est mortel au pouvoir absolu. Et il a su persuader à l'Allemagne, que la France la déteste, qu'elle est corrompue et perdue de vices, qu'il faut anéantir la France, que la chute de l'empire, la prise de Napoléon III, ne suffisent pas à la satisfaction de l'Allemagne, que la liberté de la France est le désordre la menace, que c'est la France qui ne veut pas faire la paix qui continue la guerre, qu'elle doit donc être dépeuplée et ravagée et que le sang répandu ne se paie pas avec de l'argent, mais avec l'annexion de l'Alsace et de la Lorraine.

Eh! M. de Bismarck, je sais une autre récompense de tout ce sang versé, une récompense qui a été le vœu de tous ceux qui *ont versé* leur sang sur les champs-de bataille, une récompense qui sera bien autrement précieuse à tous les enfants de l'Allemagne, cette récompense, c'est *la liberté!*

M. de Bismark peut-il donner cette récompense à l'Allemagne qui l'a si bien méritée par son courage et son abnégation? Sans crainte d'être démenti par les faits, j'ose hardiment dire : Non M. de Bismark ne donnera pas plus la liberté en 1870, qu'il ne l'a donnée en 1866. Aujourd'hui comme en 1866, il voudra être le maître absolu, il ne voudra d'autre loi que la volonté du roi de Prusse.

Nous aurons *l'unité*, c'est probable, mais une unité purement militaire, comme nous pouvons le voir par le programme de la confédération future, mais aurons-nous, non pas même la liberté, aurons-nous *l'union?*

M. Strauss prétend qu'oui, car, dit-il, *l'unité* est cimentée du sang des Allemands du Nord et du Sud, et il ajoute, fort allègrement que „ le sang est une liqueur d'une force toute particulière ,,, ce qui me fait supposer que, fort heureusement pour lui, M. Strauss, n'a pas un fils, un frère, un être chéri quelconque exposé aux horreurs de cette guerre. Mais j'ose lui répondre „ oui, M. Strauss, le sang est un ciment solide, car il a cimenté le pouvoir absolu de tous les rois et princes de l'Europe entière, mais le sang n'est pas le ciment qu'il faut à l'union et à la liberté. Le sang allemand s'est versé sur des centaines de champs de bataille par des mains allemandes, mais l'union allemande n'en est pas sortie et „ cette liqueur particulière ,, n'a servi qu'à établir solidement l'oppression et la servitude.

A en juger par ce que nous voyons déjà se produire dans les États du Sud, je commence à craindre que „ le conducteur du char allemand a beau crier ,, prenez vos places, Messieurs, „ comme dit poétiquement M. Strauss, mais que ce char, s'embour-

-bera de nouveau et que nous n'aurons pas encore cette fois-ci l'*union* allemande.

Jusqu'ici le Nord et le Sud ont été unis dans la victoire, mais le seront-ils toujours, le seront-ils surtout quand il s'agira de partager le butin, si butin il y aura, et quand, nécessairement, la Prusse voudra se faire la part du lion? Aujourd'hui déjà nous voyons les Etats du Sud se régimber contre l'autorité de la Prusse, contre la volonté de M. de Bismark, car ils commencent à comprendre que *cette* unité allemande va tout simplement les enfermer dans la „ caserne prussienne. „ Les princes surtout, commencent à comprendre qu'ils ont joué avec le feu, qu'ils seront les vassaux, les humbles serviteurs du roi de Prusse, qui, pour les contenir, leur donnera un gouverneur militaire, choisi parmi les hobereaux, les *Junkers* prussiens, qui d'après M. Strauss, ont la spécialité de fournir de si fameux hommes de guerre „ qui font leur dévoir (de tuer!) si bien, que les roturiers ne sauraient le faire mieux. „ Si c'est là ce qui recommande cette „ gentilhommerie, „ ce *Junkerthum*, au respect de M. Strauss, il voudra bien me permettre de ne pas me ranger de son opinion, mais de conclure que si ces „ Junkers „ ne sont bons qu'à faire la guerre et à verser le sang, nous ferions bien de nous en débarrasser le plus tôt possible.

„ Les poussins allemands se sont abrités sous les ailes de l'aigle prussien, „ dit plus poétiquement que raisonnablement M. Strauss, car l'aigle ne protége pas les poussins, il les mange. Ce n'est pas de cela que je blâmerais „ l'aigle prussien, „ au contraire, mais quand il aura mangé, non pas les poussins, mais ces éperviers qui, depuis des siècles, ont rongé le cœur de l'Allemagne, l'*aigle prussien* repu et renforcé voudra-t-il respecter l'indépendance et la liberté de l'Allemagne? Voudra-t-il donner la liberté de conscience même, car son roi biblique se dit l'élu de Dieu aussi a-t-on encore arrêté en Prusse, il n'y a pas longtemps, des penseurs qui avaient librement discuté des questions religieuses, et hier on a destitué cinq professeurs de l'université de Bonn qui refusaient de reconnaître l'infaillibilité du Pape; M. de Bismark voudra-t-il donner la souveraineté à un parlement unique, voudra-t-il accorder et surtout respecter une constitution vraiment libérale, voudra-t-il donner le secret du vote électoral et la liberté de la presse ?

Relisez, méditez, M. Strauss, le programme de la Confédération future, les déclarations de la *Gazette de la Croix* et d'autres journaux officiels et féodaux, et vous verrez facilement que M. de Bismark ne cèdera rien de l'autorité absolue, que le roi de Prusse doit être le maître de l'Allemagne obéissante et que c'est l'ancien abus, le parti féodal, celui qui, d'après M. Strauss, a la spécialité des armes, mais peu celle du travail et des science qui doit la gouverner. Voulez-vous en avoir une preuve, M. Strauss, la voilà : en 1866, M. de Bismark faisait poursuivre M. de Twesten, en 1870 et avant la fin de la guerre même, il fait arrêter M. Jacoby, qui osait avoir une opinion autre que la sienne. Vous me direz que M. Jacoby a été élargi *par ordre* du roi de Prusse, mais n'est-ce pas là un acte de bon plaisir, de pure despotisme ? Et puis, M. Strauss, n'a-t-on pas arreté depuis M. Liebknecht et d'autres représentants socialistes, qui osaient parler au nom de la raison et de la concorde ?

Voyons, M. Strauss, soyons francs, n'est-ce-pas M. de Bismark seul qui aujourd'hui décide de la paix et de la guerre, qui impose sa volonté à ses alliés. „ aux petits poussins allemands, „ comme vous dites, n'est-ce pas lui qui continue aujourd'hui cette épouvantable guerre ? Et après cela, croyez-vous, en admettant qu'il soit victorieux jusqu'à la fin, ce qui n'est pas certain, car Charles XII de Suède aussi voulait Moscou et il a trouvé Pultawa, Napoléon I^r aussi voulait ce même Moscou, et il y a trouvé le tombeau de sa gloire et Paris vaut bien Moscou, et la France vaut bien la Russie, — croyez-vous que cet homme voudrait accorder la liberté et l'indépendance de l'Allemagne ? Croyez-vous que cet homme puisse plier sa volonté, céder aux aspirations, aux désirs des pleuples allemands, qui voudront mettre le droit à la place du pouvoir absolu, qui voudront avoir la souveraineté de leurs assemblées constituantes et législatives ?

Et en supposant même que M. de Birmarck, au nom de son maître, accorde la liberté, octroie une constitution vraie, vous devez savoir par l'histoire, M. Strauss, que les cadeaux des rois sont dangereux, qu'ils ne sont qu'un acte de *bon plaisir* et que le caprice peut reprendre ce que le bon plaisir a donné. Non,

la liberté et l'indépendance ne seront garanties, ne seront solidement établies, que lorsqu'elles sortiront de la volonté de tous
les pleuples allemands, qu'elles reposeront sur la justice et la
raison, qu'elles auront pour but le bonheur de tous et que
tous sauront les défendre et les faire respecter.

La liberté ne se gagne pas par des vœux stériles et des
chansons, elle veut être conquise vaillamment sur ceux qui
l'avaient supprimée à leur profit.

Je le sais bien, M. Strauss, vous me direz que M. de Bismark
était nécessaire, qu'il a été le Richelieu de l'Allemagne. Soit,
mais je n'aime Richelieu que parce que 1789 a effacé l'œuvre de
l'absolutisme et n'a laissé que l'unité de la France. Puis comme
Richelieu, M. de Bismark a fait des comparses du roi de Prusse
de tous ces petits rois et roitelets qui faisaient le malheur et la
honte de l'Allemagne; comme Richelieu, il a aidé à l'unité de la
patrie communne; mais, comme Richelieu, qui a préparé Louis XIV,
M. de Bismark a établi le pouvoir absolu du roi de Prusse.
Au XVIIe siècle, j'ai pu comprendre, pardonner l'œuvre de Richelieu, „ l'éminence au manteau rouge, „ mais au XIXe siècle, je
ne peux pas admettre, aimer, pour ma noble patrie, comme souverain arbitre, cet autre Richelieu. „ l'excellence aux bottes de cui-
rassier. „

L'unité de l'Allemagne doit se faire par la pensée, par le droit
et par la justice, et alors elle sera réellement grande, unie et
libre! Et alors elle fera disparaître la guerre, car elle n'aura
plus de rois conquérants elle en aura fini avec ces hommes sans
cœur, qui sacrifient le bonheur de l'humanité à leur désir d'ambition et de grandeur militaire. Elle en aura fini avec ces
rois conquérants, qui, froidement jettent leurs peuples sur les
champs de bataille, causent la ruine et la désolation, le malheur
et la misère de millions de familles. Elle en aura fini avec ces
conquérants qui, cyniquement annoncent dans leurs bulletins de
victoire : „ nous avons gagné la bataille, mais nos régiments ont
été écharpés et nous avons dû toujours en envoyer d'autres;
nous avons perdu tant de centaines ou de milliers d'hommes,
mais nous avons brulé tant de villages, incendié, détruit telle
ville; nos hommes meurent de dyssenterie, de fièvres et de
froid, mais nous affamerons Paris : nous ferons mourir de faim

trois cent mille de ses habitants, hommes, femmes et enfants, mais nous tiendrons notre entrée triomphale dans cette insolente capitale du monde. „

Alors, mais alors seulement, le monde en aura fini de ces rois conquérants, pour qui, d'après le mot de l'un, Napoléon Iᵉ, „ un jour de bataille, les hommes ne sont rien, les minutes tout. „

Et alors disparaîtra la guerre, ce fléau épouvantable, qui tue, qui dévaste, qui ruine, qui change les hommes en bêtes féroces, qui fait pleurer les mères, qui fait veuves les femmes, et orphelins les enfants, qui écrase sous son étreinte de fer le bonheur et la prospérité de millions de familles, et tout cela froidement, cyniquement, car elle invoque pour la justification de toutes ces horreurs „ les tristes nécessités de la guerre! „

Eh! misérables conquérants, c'est justement parceque la guerre a de si atroces nécessités, que la raison et la justice doivent la faire disparaître, que la civilisation de notre siècle, doit bannir ce legs des temps barbares,

La liberté ne laissera pas le bonheur de l'Europe aux caprices de ces congrès de rois, qui font des traités, des conventions et des partages aujourd'hui, pour les défaire demain, comme la Russie nous le prouve dans ce moment-ci; la liberté ne fera plus dépendre la paix et la guerre d'intérêts dynastiques, qui ne nous regardent pas et qui sont contraires aux nôtres; elle ne laissera pas à quelques ambitieux couronnés le droit de disposer à leur guise du repos de l'Europe, de jeter le trouble dans tous les rapports de la société, d'inquiéter sans cesse la sécurité du commerce et de l'industrie, de tuer la confiance, de compromettre la richesse publique. La liberté ne laissera plus les intérêts les plus chers de la société exploités par quelques monarques, de par la grace de Dieu, et — de par notre bétise, elle basera le repos, la paix et le bonheur de l'Europe, sur le mot si simple, mais si profond de Béranger :

> Peuples, formez une Sainte Alliance
> Et donnez vous la main !

Quand l'Allemagne sera libre, pourra faire le bonheur de tous ses enfants, elle saura que toutes les Nations, l'Allemagne comme la France, l'Angleterre, l'Italie, toutes, ont des qualités réelles, quoique diverses, et que toutes doivent s'entre-aider et s'estimer pour le bonheur de toutes. Et alors disparaîtront ces stupides haines nationales dont nos maîtres ont abusé pour nous jeter sur les champs de bataille, dans le carnage et la désolation, car les Nations auront compris que les préjugés, l'ignorance et la politique intéressée de nos maîtres les ont séparées, mais que leurs intérêts, la justice et le droit doivent les réconcilier dans l'intérêt et pour le bonheur de toutes. Elles auront compris que la force brutale n'est pas un moyen de progrès, que le canon ne mène pas à la civilisation et que le tambour fait taire la raison. Et si alors l'Allemagne veut faire la guerre à cette indomptable France, à cette orgueilleuse Angleterre, qu'elle les batte sur les champs de bataille de la pensée, du travail et des réformes sociales, et avec bonheur nous battrons des mains, car cette guerre sera la lutte du progrès et du bonheur de l'humanité.

Pour parvenir à un résultat si beau, si désirable, faisons disparaître tous les sujets de haine et de discorde, tous ces souvenirs du passé, tous ces trophées de victoire. Brûlons tous ces lambeaux qu'on appelle drapeaux militaires, effaçons tous ces noms qui rappellent une défaite, abattons tous ces monuments qui rappellent un souvenir de guerre et érigeons à leur place la statue de la paix, de la concorde et de la fraternité de tous les peuples affranchis et heureux.

Allemand moi-même, j'ose dire à ma noble patrie qu'elle a un tort, qu'elle a l'esprit un peu légendaire, qu'elle veut son *Empire*, que pour elle Fréderic Barberousse n'est pas mort, qu'il n'est qu'endormi dans les cavaux du Kyffhaeuser mais qu'il se reveillera, qu'il reviendra , quand les corbeaux ne voleront plus autour de la montagne !

Hélas ! ces corbeaux nous les connaissons, ils ont rongé pendant des siècles les lambeaux de chair de l'Allemagne malheureuse et morte. Ces corbeaux disparaîtront le jour de la liberté, mais l'Allemagne peut-elle aimer de voir renaître cet Empire ? Peut-elle désirer de voir revivre cet Empire par la domination de la Prusse, peut-elle vouloir remettre la couronne des Hohenstauffen sur la tête des Hohenzollern ? Peut-elle vouloir de cet

Empire, établi sur la haine, sur la ruine et la misère et qui, hélas! aura pour base „ un million de cadavres! „

S'est-elle bien rendue compte de ce que c'était que cet Empire l'Allemagne, quelle a été sa prétendue grandeur? Cet empire a bien quelques grands noms, trois ou quatre au plus, mais il n'exprime que la servitude, la violence, l'ignorance. L'âme appartenait au prêtre, le corps au seigneur, le droit du poing seul dictait la loi; c'était la féodalité dans ses abus les plus formidables, comme plus tard ce fut la dégradation la plus humiliante.

Le plus respecté de ses Empereurs, Barberousse même, pendant 38 ans, a dépensé le sang et la fortune de l'Allemagne dans des guerres inutiles et personnelles. Une moitié de l'Allemagne combattait, égorgeait l'autre; la division était complète, la ruine partout, la misère immense.

Le grand était tyran, ambitieux, tout-puissant; la bourgeoisie n'existait pas; le peuple était serf, ignorant, n'ayant ni volonté ni désirs. Le grand Empereur embrassait les pieds du pape, s'humiliait devant lui, faisait brûler Arnold de Brescia, l'avant-coureur, le martyr des sublimes idées de 1789, détruisait Milan, la tête de ces puissantes communes italiennes qui ont donné le jour à la bourgeoisie actuelle, qui combattaient l'arbitraire et le despotisme, effrayant de ces nobles féodaux, bandits autant que tyrans. L'empereur d'Allemagne devait recevoir sa couronne son existence même du Grand-Prêtre de Rome, à genoux, et, c'est le titre, la couronne du *Saint Empire romain*.

Lorsque plus tard un autre empereur, Frederic II, plus grand par l'idée et par les intentions généreuses, combattait l'insolence et la toute-puissance de la papauté, cette ennemie de toute lumière, le *non possumus* de tout progrès, il fut excommunié, vaincu, humilié; ses successeurs furent chassés, abattus : le dernier des Hohenstauffen est traîné sur l'échafaud et décapité par la main du bourreau.

Tombé ensuite et pendant des siècles dans l'impuissance la plus complète, descendu jusqu'à la décadence la plus honteuse, l'Empire ne fut plus qu'un fantôme dérisoire, jusqu'au jour où il s'écroula, en 1806, devant l'indifférence et le mépris publics.

Et c'est pareil Empire que voudrait créer ma noble patrie!

Elle voudrait rétablir le pouvoir absolu d'un Empereur de par la grâce de Dieu! Elle voudrait rémettre ses destinées à la volonté d'un maître absolu?

Non, la raison humaine ne le souffrira pas, et tous les amis de la liberté se réuniront pour combattre, non pas pour le rétablissement d'un Empire du droit *divin*, mais pour la création de l'Empire *humain* et universel de la raison, de la concorde, et de la fraternité de tous les peuples!

Au moment où cette édition va sous presse, les évênements viennent me donner un cruel démenti, renverser toutes mes espérances dans le droit et la raison.

Guillaume I[r], roi de Prusse, *par la grâce de Dieu*, accepte le titre et la couronne d'Empereur d'Allemagne, qui lui sont offerts par les rois et princes d'Allemagne, quand son frère, en 1848, dédaignait cette même couronne et ce même titre, quand ils lui furent offerts par les réprésentants des *peuples* d'Allemagne. C'est juste, Guillaume I, ne peut traiter qu'avec ses égaux en dignité, il peut être le supérieur des petits oppresseurs de la noble l'Allemagne, mais son frère ne pouvait pas descendre à être l'élu d'une Nation, car c'était renoncer à être l'élu de Dieu.

L'Allemagne a un Empereur, couronné dans le palais même de Louis XIV, la personnification de l'absolutisme royal, mais hélas! elle n'a pas une liberté de plus, pas un prince de moins, et notre *Unité* n'existe que par la crainte qu'inspire une armée unique et prussienne. L'Allemagne est un Empire qui commandera le respect, mais qui ne marquera pas comme une étape sur la route de la liberté. Le nouvel Empereur maintiendra l'intégrité de L'Allemagne, il l'agrandira d'après, la formule du serment que prononçaient les Hohenstauffen et les Habsbourg!

Guillaume I, *roi* de Prusse et empereur d'Allemagne, est dans sa toute-puissance, il dit, comme Attila : „ l'étoile tombe, la terre tremble, je suis le marteau de l'univers, „ et il appliquera à la France, le mot de Brenus : „ malheur aux vaincus, „ en jetant son épée dans la balance. L'empire de la Prusse, car ce n'est pas celui de l'Allemagne, n'est pas une espérance, il n'est pas la liberté, il est une menace, un défi; car nous connaissons l'orgueil et l'ambition de la maison de Hohenzollern et nous n'avons pas foi dans les intentions humanitaires et pacifiques que Guillaume I annonce à l'Europe, au moment où il veut démembrer la France! Depuis Bordeaux, nous savons ce que veulent dire ces paroles : „ l'Empire est la paix, „ dans la bouche d'un empereur.

L'Allemagne acclame son nouvel empereur, et nous devons nous incliner devant sa volonté, tout en déplorant cet aveuglement qui la pousse dans les bras d'un maître. Mais au moins, nous, enfants du 19ᵐᵒ siècle, nous avons le droit de protester au nom de la raison contre la prétention du roi de Prusse, d'être *roi de par la grâce de Dieu*. Comment! vous, vous dites, *l'élu de Dieu*, roi de *par la grâce de Dieu*; quand cette hérésie sociale n'a d'autre titre que la bétise humaine, et, quand, l'histoire en main, nous pouvons prouver que pas une des provinces qui forment le royaume de Prusse, n'a été acquise que par l'arbitraire et la violence.

Le roi de Prusse a ramassé la couronne d'Allemagne dans le sang des champs de bataille, soit, mais qu'il épargne au moins à notre raison, le mensonge d'une *origine divine*. C'est une insulte à l'esprit du XIX siècle, c'est un démenti donné à l'intelligence de l'Allemagne, c'est l'hypocrisie ajoutée à la violence.

Guillaume Iʳ est empereur d'Allemagne, maître absolu, il ne répond de ses actes qu'à sa conscience et à *Dieu*. C'est le troisième empereur créé dans notre siècle, et nous savons ce que sont devenus les deux autres. Aussi, nous ne désespérons pas, nous avons foi dans l'avenir, et quand nous voyons la liberté aux prises avec l'absolutisme, nous disons avec Victor Hugo :

„ CECI TUERA CELA. „

Et maintenant, je demande pardon à M. Strauss de m'être laissé emporter par mes convictions, d'avoir été un peu vif; mais, s'il m'a fait l'honneur de lire mon modeste volume le „ Christianisme et Rome, „ il doit savoir que c'est mon habitude et mon défaut de ne pas transiger avec la vérité, mais de la dire tout entière. M. Strauss comprendra que le pseudonyme de „ l'audace „ que j'ai pris pour publier ce livre, oblige à la franchise, à la hardiesse même, et il voudra me pardonner en faveur de ma sincérité.

Cette sincérité m'oblige même à un aveu, bien pénible il est vrai, qu'and il s'agit d'un homme de la valeur et du mérite de

M. Strauss. En lui faisant ses adieux du 29 Septembre, M. Strauss a été dûr pour M. Rénan, il l'a raillé dans les malheurs de sa patrie, il a, hélas! un peu manqué de cœur.

Je ne suis pas le partisan de M. Rénan, je ne lui donne pas mon admiration sans partage, car il me faut la conviction sans scrupule et sans crainte, le courage net et entier, mais cette ironie, cette raillerie dans un pareil moment, m'ont péniblement affecté. J'ose croire, que M. Strauss saura apprécier ce sentiment car, j'en ai la conviction, il aura déjà regretté cette satisfaction de vainqueur, il aura déjà compris le danger de „ cette vanité nationale „ qui lui a fait commettre un pareil oubli des égards envers un confrère malheureux. C'est en faveur de cette conviction que M. Strauss voudra me pardonner ma franchise.

Par-contre, j'ose prier M Strauss, d'être persuadé que, si j'ai le malheur de ne pas être d'accord avec lui en matière politique, je n'estime et je n'aime pas moins son courage, son talent et les services qu'il a rendus à la raison, et je me permets d'espérer que M. Strauss voudra bien accepter l'assurance de mon admiration et de mon profond respect.

Anvers, 20 Novembre, 1870.

UNE PROPHÉTIE

écrite le jour où les journaux annonçaient que le peuple de Berlin après avoir humilié, vaincu son roi le 18 Mars 1848, le promenait en triomphe, l'acclamait « Empereur d'Allemagne, » le 19 Mars.

Lasse de dix siècles d'ignominie, de servitude et d'oppression, l'Allemagne dormait, elle dormait profondément.

Rien dans ce sommeil pesant n'indiquait un rêve heureux, rien n'exprimait une espérance, ne faisait croire à un reveil, à l'aube d'un jour plus beau. Ce n'était pas le sommeil de la force, c'était la léthargie du désespoir.

Soudain il se fit un grand bruit à l'Occident. Un peuple en délire acclamait avec enthousiasme la République française. Le 24 Février avait retenti dans le monde.

Le sommeil de l'Allemagne devint agité, un sourire de bonheur et d'espérance agita ses lèvres, elle lutta contre cette léthargie qui paraissait être la mort. Encore un effort et elle se réveille, elle a retrouvé sa force, le charme est rompu, elle brise ses fers. Devant elle, éblouissante de beauté, radieuse de triomphe, se trouve la Déesse de la Liberté. Dans l'une de ses mains elle tient un cor, dans l'autre un glaive, qu'elle présente au choix de l'Allemagne transportée. Saisissant le cor, l'Allemagne le porte à ses lèvres et un formidable appel retentit dans l'air : « A moi mon peuple et sois libre. » Mais triste et découragée, la Déesse de la Liberté laisse tomber la main qui retient le glaive et sa bouche prononce ces mots pleins de reproche et de regrets: » Pauvre Allemagne, mes faveurs doivent être gagnées, mes dons mérités; ce n'était donc pas le cor pour réveiller, c'était le glaive pour frapper les oppresseurs, qu'il fallait choisir! Maintenant tu m'exiles de nouveau, les efforts seront vains, tes maitres l'emporteront encore. Adieu.

Une larme brûlante qui était tombée sur sa main, était tout ce qui rappellait à l'Allemagne égarée, le passage de la Déesse de la Liberté.

Hélas! le 18 Mars 1848 aura été inutile. Le lendemain l'a tué.
Le 18 Mars est à refaire.

X. GOSSI.

ANVERS 21 MARS 1848.